Ros til Paramahansa Yoganandas komplette kommentar til Jesu lære …

The Second Coming of Christ:
The Resurrection of the Christ Within You
(udgivet af Self-Realization Fellowship, 2004)

"Præsenterer overraskende idéer om den dybere mening i Jesu lære og dens essentielle enhed med yoga, en af verdens ældste og mest systematiske religiøse veje til at opnå forening med Gud … Den er blevet rost som et banebrydende værk af sammenlignende religionsforskere." – ***Los Angeles Times***

"Et mesterværk af åndelig åbenbaring … Efterhånden som Yogananda dykker ned i Jesu liv og baggrund, bliver det klart, at evangelierne indeholder et universelt esoterisk budskab, som har ventet på en fuldstændig og systematisk forklaring siden den apostoliske tid. I Yoganandas kommentar bliver det, der har været tilsløret, skjult og indirekte, fuldt ud afsløret." – ***Yoga International***

"*The Second Coming of Christ* af Paramahansa Yogananda indeholder alle kendetegnene ved et banebrydende værk … En brilliant beskrivelse af universalitet og dybde. Dette er ikke noget almindeligt værk." – ***Dayton Daily News***

"En usædvanlig ny bog i to bind … *The Second Coming of Christ: The Resurrection of the Christ Within You* rummer indsigt, som kan hjælpe kristne til et nyt syn på deres tro." – ***Kansas City Star***

"I en verden fuld af had, vold, vrede og mørke, er udgivelsen af *The Second Coming of Christ: The Resurrection of the Christ Within You* af Paramahansa Yogananda i takt med tidens behov." – ***India Post***

"Yogananda fjerner den splittelse og dogmatiske tilgang, der har samlet sig om Jesu lære, og forsikrer, at det er muligt for ethvert menneske – uanset religiøs tradition – at have samme forhold til det Guddommelige som Jesus." – ***Sacred Pathways***

"Paramahansa Yogananda beskriver den universelle sandhed om Selverkendelse, der er skjult i evangelierne, og som er relevant for alle mennesker og kan bidrage til at forene alle religioner til en højere forståelse på tværs af sekteriske skel. Denne bog kan omskabe menneskeheden i denne tid med global krise, hvis den studeres og udøves oprigtigt." – **dr. David Frawley, direktør, American Institute of Vedic Studies**

"Denne afslørende kommentar … emmer af den samme inderlige visdom og fine skønhed, som findes i *En yogis selvbiografi*. Hvis man af en eller anden grund har mistet forbindelsen med Jesu budskab, så er Yogananda den ideelle hjælp til at genopvække dets mening og storhed." – ***Adyar Booknews*** (Australien)

Paramahansa Yogananda (1893-1952)

YOGA OG JESUS

Et indblik i
evangeliernes
skjulte lære

Udvalgte uddrag af
Paramahansa Yoganandas
skrifter

"Se, Guds rige er inden i jer."

Den originale titel på engelsk er udgivet af
Self-Realization Fellowship, Los Angeles (California):
The Yoga of Jesus

ISBN: 978-0-87612-556-4

Oversat til dansk af Self-Realization Fellowship

Copyright © 2024 Self-Realization Fellowship

Alle rettigheder forbeholdes. Med undtagelse af korte citater i boganmeldelser må ingen del af *Yoga og Jesus* (*The Yoga of Jesus*) gengives, opbevares, videregives eller vises på nogen måde eller ved nogen midler (elektroniske, mekaniske eller på anden vis) kendt på denne tid eller senere opfundet – både fotokopiering, optagelse, eller ved noget opbevarings- eller indhentningssystem – uden først at få skriftlig tilladelse fra Self-Realization Fellowship, 3880 San Rafael Avenue, Los Angeles, California 90065-3219, USA.

 Autoriseret af Self-Realization Fellowships
Internationale Udgivelsesråd

Self-Realization Fellowships navn og emblem (se ovenfor) findes på alle SRF's bøger, optagelser og andre publikationer og forsikrer læseren om, at et værk er udgivet af det samfund som Paramahansa Yogananda stiftede, og at det nøjagtigt følger hans lære.

Første udgave på dansk, 2024
First edition in Danish, 2024
Dette tryk, 2024
This printing, 2024

ISBN: 978-1-68568-187-6

1327-J08180

Indhold

Forord vii

Del I: Jesus Kristus — avatar og yogi

1. Avataren Jesus 3
   Guds manifestation i guddommelige inkarnationer • Den universelle Kristusbevidsthed • Den sande betydning af "genkomst"

2. Jesus og Yoga 12
   Jesu år i Indien • Evangeliernes tabte lære • Yoga: universel religionsvidenskab

3. Yogien Jesu indre lære 22
   Hvordan alle sjæle kan opnå Kristusbevidsthed • Vigtigheden af Trøsteren eller Helligånden • Yoga og Johannes' Åbenbaring • Den sande dåb i Ånden

Del II: "Den eneste vej" eller universalitet?

4. Den "anden fødsel": at vække sjælens intuition 45
   Jesu lære om "født på ny" • At udtrykke sjælens guddommelige potentiale • Udviklingen fra materiel bevidsthed til åndelig bevidsthed

5. "At ophøje Menneskesønnen" til Guddommelig Bevidsthed . . . 55
   De himmelske egne i Guds skabelse • Den esoteriske viden om kundalini eller "slangekraften" i rygraden

6. Den sande betydning af at "tro på hans navn" og frelse 64
   Er Jesus den eneste frelser? • Dogmer og misforståelser i "kirkedommens" institutioner • Blind tro kontra personlig erkendelse af sandheden

Del III: JESU YOGA AF GUDDOMMELIG KÆRLIGHED

7. Saligprisningerne 79
Hvordan menneskelivet bliver velsignet, fyldt med himmelsk salighed

8. Guddommelig kærlighed: religionens og livets højeste mål. 96
De to største bud: først kærlighed til Gud, og dernæst at tjene det Guddommelige Nærvær i alle

9. Guds rige inden i dig 105
Kernen i Jesu budskab: den Himmelske Faders lykkelige rige og hvordan man kommer ind i det

Om forfatteren. 119

Ordliste 133

Note til læseren:

De anvendte bibelcitater i denne bog er fra *Bibelen* udgivet af Det Danske Bibelselskab, København. Oversættelserne af Det Gamle Testamente er autoriseret ved kgl. resolution af 16. december 1931, og oversættelserne af Det Nye Testamente er autoriseret ved kgl. resolution af 15. juni 1948. I nogle få vers svarer transskriptionen til teksten i *King James Bible* – den engelske version af Bibelen, som Paramahansa Yogananda foretrak – idet det her blev vurderet, at det bogstavelige indhold af den førnævnte engelske bibel var mere passende i forbindelse med Paramahansa Yoganandas lære.

Til hjælp for læsere, som måske ikke er fortrolige med begreber og terminologi indenfor yoga og Østens filosofi, er der bagest i bogen en ordliste. Den giver let tilgængelige definitioner på de fleste af de udtryk, som er vigtige for at forstå Paramahansa Yoganandas udlægning af Jesu lære – såsom Kristusbevidsthed, Helligånden, *Aum*, den astrale og kausale verden og de forskellige yogiske udtryk for oplevelser i meditation og Gudserkendelse.

Forord

- Underviste Jesus, ligesom Østens fortidige vismænd og mestre, i meditation som vejen til at komme ind i "Himmeriget"?

- Fik hans nærmeste disciple en "skjult lære", som gennem århundrederne er gået tabt eller blevet undertrykt?

- Sagde han virkelig, at alle ikkekristne er udelukket fra Guds rige? Og kan en bogstavelig forståelse af evangelierne virkelig udforske dybden af hans epokegørende budskab til menneskeheden?

Disse og andre spørgsmål besvares med respektfuld forståelse og uforlignelig indsigt af Paramahansa Yogananda i *The Second Coming of Christ: The Resurrection of the Christ Within You*. Og hans konklusioner stemmer på forbløffende vis overens med nutidige religionseksperters igangværende udforskning af de dybe esoteriske og oplevelsesmæssige dimensioner i den tidlige kristendom, som afsløret i de "gnostiske evangelier" og andre nyfundne manuskripter, der var gået tabt siden det andet og tredje århundrede.

Paramahansa Yogananda er kendt som "Yogaens fader i Vesten" og som en af vor tids fremstående åndelige skikkelser. *The Second Coming of Christ* – hans monumentale værk om "Jesu oprindelige budskab" – blev udgivet i to omfangsrige bind (på mere end 1700 sider) i 2004. Bogens 75 afhandlinger tager vers for vers læseren gennem de fire evangelier, og giver en dybtgående analyse af den sande betydning af Jesu ord – der kun kan forstås til fulde i lyset af deres oprindelige hensigt: som vejen til direkte, personlig oplevelse af "Guds rige inden i dig".

Ved udgivelsen af dette banebrydende værk, skrev *Los Angeles Times* (den 11. december 2004): "*The Second Coming of Christ: The Resurrection of the Christ Within You* præsenterer overraskende idéer om den dybere mening i Jesu lære og dens essentielle enhed med yoga, en af verdens ældste og mest systematiske religiøse veje til at opnå forening med Gud ... Bogen har til hensigt at kaste lys over, hvad Yogananda mente var en meget vigtig lære, som er gået tabt i den institutionelle kristendom. Deriblandt var, at alle søgende kan kende Gud, ikke gennem tro alene, men gennem direkte oplevelse ved yogameditation."

I en anden anmeldelse, i magasinet *Sacred Pathways* (december 2004), stod der: "Yogananda fjerner den splittelse og dogmatiske tilgang, der har samlet sig om Jesu lære, og forsikrer, at det er muligt for ethvert menneske – uanset religiøs tradition – at have samme forhold til det Guddommelige som Jesus ... Han beskriver de metoder til samvær med Gud, som Jesus gav til sine direkte disciple, men som var blevet skjult i århundredernes løb, og forklarer emner som Helligånden, dåb, meditation, syndernes forladelse, genfødsel, himmel og helvede og genopstandelsen. Derved viser han den underliggende enhed mellem Jesu moralske og esoteriske lære og Indiens urgamle viden om Yoga, meditation og forening med Gud."

Eksperter i emner som religion, historie og heling har ligeledes rost bogen: "Dette er en af de sjældne brobyggende bøger, som virkelig kan ændre den måde, man ser på en person, som man troede, man kendte godt," skrev dr. Robert Ellwood, professor emeritus i religion, University of Southern California.

"Paramahansa Yoganandas *The Second Coming of Christ* er en af de vigtigste analyser af Jesu lære, som findes," sagde dr. Larry Dossey, m.d., den kendte forfatter og forsker indenfor holistisk medicin. "Mange fortolkninger af Jesu ord adskiller mennesker, kulturer og nationer; disse fremmer forening og heling, og det er derfor, at de er essentielle i verden i dag."

Magasinet *Yoga International* (marts 2005) begyndte sin anmeldelse af bogen med disse ord: "Yoga blev globalt i det tyvende århundrede. Nu ser det ud til at den kløft, som deler den kristne lære og Indiens urgamle åndelige videnskab, endelig overskrides her i det enogtyvende. Paramahansa Yoganandas nye bog, *The Second Coming of Christ,* frembyder dette løfte ved at argumentere for, at forskellen altid har været overfladisk. Det har enorm betydning for yogaens udøvere i Vesten – og for samfundet som helhed."

Denne bog er ment som et første glimt af Paramahansa Yoganandas afslørende beskrivelse af evangeliernes skjulte yoga, som forklares meget mere detaljeret i *The Second Coming of Christ.*

Hvad er yoga egentlig?

De fleste af os er vant til at søge udenfor os selv for tilfredsstillelse. Vi lever i en verden, som lærer os at forvente at ydre opnåelser kan give os, hvad vi vil have. Og dog viser vores erfaringer os igen og igen, at intet udenfor os kan fuldstændigt opfylde den dybe indre længsel efter "noget mere".

Men det meste af tiden stræber vi efter det, som altid synes at ligge lige uden for rækkevidde. Vi er optaget af *at gøre* i stedet for *at være,* i *handling* og ikke i *bevidsthed.* Det er svært for os at forestille os en tilstand af fuldkommen ro og hvile, i hvilken tanker og følelser ophører med at danse i evig bevægelse. Og dog er det gennem en sådan stilhed, at vi kan opleve en tilstand af glæde og forståelse, som er umulig at opnå på anden vis.

I Bibelen står der: "Vær stille, og vid at Jeg er Gud." I disse få ord ligger nøglen til videnskaben om yoga. Denne ældgamle åndelige videnskab viser den direkte metode til at berolige tankernes naturlige turbulens og den kropslige rastløshed, som forhindrer os i at vide hvad vi virkeligt er.

Normalt er vores bevidsthed og energi rettet udad mod denne verdens ting, som vi opfatter gennem vores fem sansers begrænsede instrumenter. Fordi den menneskelige fornuft er afhængig af den delvise og ofte vildledende viden, som man får gennem de fysiske sanser, må vi lære at gå dybere ind i de finere områder af bevidstheden, hvis vi vil løse livets gåder – *Hvem er jeg? Hvorfor er jeg her? Hvordan erkender jeg Sandheden?*

Yoga er en simpel metode, som vender den normale udadgående strøm af energi og bevidsthed, så sindet bliver et dynamisk center for direkte opfattelse – ikke længere afhængigt af de fejlbarlige sanser, men i stand til faktisk at opleve Sandheden.

Ved at praktisere yogaens metoder skridt for skridt – ved ikke at tage noget for givet hverken følelsesmæssigt eller ved blind tro – kommer vi til at kende vores enhed med den Uendelige Intelligens, Magt og Glæde, som giver liv til alle, og som er essensen af vores eget Selv[1].

I tidligere århundreder blev mange af yogaens højere teknikker kun i ringe grad forstået eller udøvet på grund af menneskehedens begrænsede viden om de kræfter, der styrer universet. Men nutidens videnskabelige forskning er hurtigt ved at forandre den måde, hvorpå vi ser os selv og verden. Den traditionelle materialistiske opfattelse af livet er forsvundet ved opdagelsen af, at stof og energi grundlæggende er det samme: Ethvert eksisterende stof kan reduceres til et mønster eller en form for energi, som interagerer og forbindes med andre former. Nogle af nutidens mest berømte fysikere går et skridt videre, og ser *bevidsthed* som den tilgrundliggende basis for hele eksistensen. Således bekræfter moderne videnskab yogaens ældgamle principper, som siger at alt i universet er ét.

Ordet *yoga* betyder "forening": af den individuelle bevidsthed eller sjæl med den Universelle Bevidsthed eller Ånd. Skønt mange tror, at yoga kun er fysiske øvelser – de *asanaer* eller stillinger, der har opnået udbredt popularitet i de seneste årtier – så er disse kun det mest overfladiske aspekt af denne dybtgående viden om udfoldelsen af det uendelige potentiale i menneskets sind og sjæl.

Der er forskellige former for yoga, der fører til dette mål, hver især er de en specialiseret gren af et samlet system:

Hatha Yoga – et system af kropsstillinger eller *asanaer*, hvis højere mål er at rense kroppen, at give én bevidsthed om og kontrol over dens indre tilstande og at gøre den egnet til meditation.

Karma Yoga – uselvisk tjeneste til andre som en del af ens højere Selv, uden tilknytning til resultaterne; og udførelsen af alle gerninger med bevidstheden om, at det er Gud, der gør dem.

Mantra Yoga – fokusering af bevidstheden gennem *japa* eller

---

[1] "Selv" er stavet med stort S for at angive sjælen, menneskets sande identitet, i modsætning til egoet eller den falske sjæl, det lavere selv, som mennesket midlertidigt identificerer sig med på grund af uvidenhed om sin virkelige natur.

gentagelsen af visse universelle stamord-lyde, der repræsenterer et bestemt aspekt af Ånden.

Bhakti Yoga – altopofrende hengivenhed, ved hvilken man stræber efter at se og elske det guddommelige i alle skabninger og i alle ting, og således bestandigt leve i en tilstand af konstant tilbedelse.

Jnana Yoga – visdommens vej, som består i at anvende skelneevne og intelligens for at opnå åndelig frihed.

Raja Yoga – den kongelige eller højeste yogavej, som formelt blev sat i system i det andet århundrede f.Kr. af den indiske vismand Patanjali, og som forener essensen af alle de andre veje.

Kernen i Raja Yoga systemet, som balancerer og forener disse forskellige metoder, består i udøvelsen af bestemte, videnskabelige meditationsmetoder, der gør det muligt, lige fra begyndelsen af ens bestræbelser, at opfatte glimt af det endelige mål – bevidst forening med den uudtømmeligt salige Ånd.

Den hurtigste og mest effektive tilgang til yogaens mål anvender de meditationsmetoder, som direkte beskæftiger sig med energi og bevidsthed. Det er denne direkte metode, der kendetegner *Kriya Yoga*[2], den specielle form for Raja Yoga meditation, som Paramahansa Yogananda underviste i.

Indiens mest elskede hellige skrift om yoga er Bhagavad Gitaen – en dybtgående afhandling om forening med Gud, og en tidløs recept på lykke og afbalanceret succes i hverdagslivet. At Jesus kendte og underviste i den samme altomfattende videnskab om Gudserkendelse og de samme forskrifter for åndelig livsførelse, er den åbenbaring, som Paramahansa Yogananda har bragt til hele verden, og som er beskrevet på siderne i den

---

[2] "*Kriya* er en ældgammel videnskab," skrev Paramahansa Yogananda i sin *En yogis selvbiografi*. "Lahiri Mahasaya modtog den fra sin store guru Babaji, som genopdagede og klargjorde teknikken, efter at den var gået tabt i den Mørke Tidsalder. Babaji omdøbte den simpelthen til *Kriya Yoga*."

"Den *Kriya Yoga*, som jeg giver verden gennem dig i dette nittende århundrede," sagde Babaji til Lahiri Mahasaya, "er en genoplivelse af den samme videnskab, som Krishna gav Arjuna for tusinder af år siden; og som senere blev kendt af Patanjali og Kristus, og af Skt. Johannes, Skt. Paulus og andre disciple."

foreliggende bog.³

Et kortfattet værk som dette kan kun give et indledende glimt af den dybe og inspirerende enhed mellem Jesus Kristi lære og yogaens lære. Læsere, som er inspireret af dette uddrag, vil finde en rigdom af detaljer og praktisk lære til det daglige liv i de to bind af *The Second Coming of Christ*. Som Paramahansa Yogananda skriver i indledningen til det værk:

"På disse sider giver jeg verden en intuitivt opfattet åndelig fortolkning af Jesu ord, modtaget gennem direkte samvær med Kristusbevidstheden. De vil forstås som almengyldig sandhed, hvis de bliver samvittighedsfuldt studeret og mediteret over med sjæls-vækket intuitiv opfattelse. De afslører den fuldkomne enhed, som eksisterer mellem åbenbaringerne i den kristne bibel, Indiens Bhagavad Gita, og alle andre sande hellige skrifter, der har bestået tidens prøve.

"Verdens frelsere kommer ikke for at skabe fjendtlige doktrinære splittelser; deres lære skal ikke bruges til det formål. Det er noget af en misvisende betegnelse at kalde Det Nye Testamente for den 'kristne' bibel, for den tilhører ikke udelukkende en enkelt sekt. Sandheden er bestemt til at velsigne og opløfte hele menneskeheden. Ligesom Kristusbevidstheden er universel, tilhører Jesus Kristus alle."

– *Self-Realization Fellowship*⁴

---

³ Et lille ledsagende bind, *The Yoga of the Bhagavad Gita: An introduction to India's Universal Science of God-Realization*, er udkommet samtidigt med denne bog – uddrag fra den omfattende lære i Gitaen som beskrevet i Paramahansa Yoganandas højt priste kommentar i to bind, *God Talks With Arjuna: The Bhagavad Gita*.

⁴ Direkte oversat "Fællesskabet for Selverkendelse". Paramahansa Yogananda har forklaret, at navnet Self-Realization Fellowship betyder "fællesskab med Gud gennem Selverkendelse og venskab med alle sandhedssøgende sjæle". Se også ordlisten samt "Mål og idealer for Self-Realization Fellowship".

DEL I

Jesus Kristus — avatar og yogi

"Tror De på, at Kristus er guddommelig?" spurgte en besøgende.

Paramahansa Yogananda svarede: "Ja. Jeg elsker at tale om ham, fordi han var et menneske med perfekt Selverkendelse. Dog var han ikke Guds eneste søn, og det påstod han heller ikke. Derimod sagde han klart, at de, der udfører Guds vilje, bliver ét med Ham, ligesom han selv var.

"Var det ikke Jesu mission her på jorden at minde alle mennesker om, at Vorherre er deres Himmelske Fader, og at vise dem vejen tilbage til Ham?"

– Visdomsord af Paramahansa Yogananda

KAPITEL 1

Avataren Jesus

Guds manifestation i guddommelige inkarnationer

At magte et liv af uløste og uløselige mysterier i et uransageligt univers ville i sandhed være en overvældende udfordring for almindelige dødelige, hvis det ikke var for guddommelige udsendinge, som kommer til verden for at tale med Guds stemme og autoritet til vejledning for mennesket.

For evigheder siden, i Indiens forgangne højere tidsaldre, forkyndte *rishier* legemliggørelsen af Guddommelig Godgørenhed, af "Gud med os", i form af guddommelige inkarnationer, avatarer – Gud inkarneret på jorden i oplyste væsener ...

Mange stemmer har været mellemled mellem Gud og mennesket, *khanda avatarer*, eller delvise inkarnationer i sjæle, som kender Gud. Mindre almindelige er *purna avatarer*, befriede væsener, som er fuldt og helt ét med Gud. De vender tilbage til jorden for at opfylde en Gudsforordnet mission.

I Bhagavad Gitaen, den hellige hinduistiske bibel, erklærer Herren:

"Når dyden aftager og amoraliteten dominerer, inkarnerer Jeg som en Avatar. I synlig form viser Jeg Mig fra tidsalder til tidsalder for at beskytte de retskafne og ødelægge ondskaben med det formål at genoprette retfærdigheden."

Guds samme strålende, uendelige bevidsthed, den Universelle Kristusbevidsthed, *Kutastha Chaitanya*, bliver på fortrolig vis synlig i individualiteten af en oplyst sjæl, begavet med en særlig personlighed og guddommelig natur, passende for tidsalderen og målet med inkarnationen.

Uden Guds kærligheds mellemkomst, der er kommet til jorden i form af Hans avatarers eksempel, budskab og vejledende hånd, ville det næppe være muligt for den famlende menneskehed at finde vejen ind i Guds rige igennem den mørke tåge af verdens blændværk, den kosmiske substans hvori mennesker bor. For at Hans formørkede børn ikke skulle fortabes for evigt i skabelsens illusoriske labyrint, kommer Herren igen og igen i Gudsoplyste profeter for at oplyse vejen ...

Før Jesus kom Gautama Buddha, "Den Oplyste", hvis inkarnation mindede en glemsom generation om Dharma Chakraen, karmaens evigt drejende hjul – selvinitieret handling og dens virkninger, som gør ethvert menneske, og ikke nogen Kosmisk Diktator, ansvarlig for sin egen nuværende tilstand. Buddha bragte hjertet tilbage i den tørre teologi og de mekaniske ritualer, som den gamle vediske religion i Indien var faldet til, efter at en højere tidsalder var forbi, hvori Bhagavan Krishna, Indiens mest elskede avatar, prædikede vejen til guddommelig kærlighed og Gudserkendelse gennem udøvelse af den højeste åndelige videnskab, yoga, foreningen med Gud.

❖ ❖ ❖

Guddommelig mellemkomst for at formilde den kosmiske lov om årsag og virkning [karma], ved hvilken et menneske lider på grund af sine fejltagelser, var det centrale i den kærlighedsmission, som Jesus kom for at fuldføre ...

Jesus kom for at vise Guds tilgivelse og barmhjertighed, hvis kærlighed er et værn mod selv den strengeste lov.

❖ ❖ ❖

Sjælenes Gode Hyrde åbnede sine arme for alle og afslog ingen, og med altomfattende kærlighed fik han verden til at følge sig på vejen til befrielse gennem sin ånd af opofrelse, afkald, tilgivelse, kærlighed til både venner og fjender og frem for alt den største kærlighed til Gud.

Som det lille barn i krybben i Betlehem, og som frelseren, der helbredte de syge og opvækkede de døde og kom kærlighedens salve på fejltagelsernes sår, levede Kristus i Jesus blandt mennesker som en af dem, så også de kunne lære at leve som guder.

Avataren Jesus 5

Kristusbevidsthed: forening med Guds Uendelige Intelligens og Salighed, som gennemtrænger hele skabelsen

For at forstå den store betydning af en guddommelig inkarnation, er det nødvendigt at forstå kilden og naturen af den bevidsthed, som er legemliggjort i en avatar.

Jesus talte om denne bevidsthed, da han forkyndte: "Jeg og Faderen, vi er ét" (Johannesevangeliet 10:30) og "Jeg er i Faderen, og Faderen er i mig" (Johannesevangeliet 14:11). De, som forener deres bevidsthed med Gud, kender både Åndens transcendente og immanente natur – enheden af den altid eksisterende, altid bevidste, evigt nye Salighed hos det Uskabte Absolutte, og de uendelige manifestationer af Hans Væsen som et utal af former, i hvilke Han varierer Sig Selv i skabelsens panorama.

❖ ❖ ❖

Der er en vigtig betydningsforskel mellem *Jesus* og *Kristus*. Hans fødenavn var Jesus; hans ærestitel var "Kristus". I hans lille menneskelige krop ved navn Jesus fødtes den uendelige Kristusbevidsthed, Guds alvidende Intelligens, som er allestedsnærværende i enhver del og partikel af skabelsen.

❖ ❖ ❖

Universet er ikke blot et resultat af en heldig kombination af vibrerende kræfter og subatomare partikler, som fremsat af videnskabsmænd – tilfældige ekskrescenser af faste stoffer, væsker og gasser, som er blevet til jord, oceaner, atmosfære og planter, alle i harmonisk samvirke for at skabe et beboeligt hjem for mennesker. Blinde kræfter kan ikke organisere sig til intelligent ordnede genstande. Ligesom menneskelig intelligens er nødvendig for at hælde vand i de små firkantede rum i en isbakke for at fryse isterninger, således ser man i de samvirkende vibrationers stadigt mere udviklede former i hele universet resultaterne af en skjult Immanent Intelligens.

❖ ❖ ❖

Er der et større mirakel end den tydelige tilstedeværelse af en Guddommelig Intelligens i hvert støvkorn i skabelsen? Hvordan et mægtigt træ udvikles af et lillebitte frø. Hvordan utallige verdener ruller i det uendelige verdensrum, fastholdt i en målrettet kosmisk dans ved præcise tilpasninger af universelle kræfter. Hvordan den fantastisk indviklede menneskelige krop dannes af en enkelt lille mikroskopisk celle, besidder selvbevidst intelligens og opretholdes, heles og holdes i live af usynlige kræfter. I hvert atom af dette forbløffende univers skaber Gud en stadig strøm af mirakler; og dog tager ubegavede mennesker dem for givet.

❖ ❖ ❖

Videnskaben opdager den intelligente orden

"Videnskabens fremgang har udvidet omfanget af naturens vidundere, så vi i dag har opdaget orden i atomets dybeste afkroge og blandt de største samlinger af galakser," skriver Paul Davies, ph.d., en velkendt forfatter og professor i matematisk fysik, i *Evidence of Purpose: Scientists Discover the Creator* (New York: Continuum Publishing, 1994).

Systemteoretikeren Ervin Laszlo rapporterer i *The Whispering Pond: A Personal Guide to the Emerging Vision of Science* (Boston: Element Books, 1999): "Tilpasningen af det fysiske univers til livets parametre udgør en serie af sammentræf – hvis det er, hvad de er … i hvilke blot den mindste afvigelse fra de givne værdier ville betyde livets ende, eller, mere nøjagtigt sagt, skabe tilstande under hvilke livet aldrig ville have udviklet sig til at begynde med. Hvis neutronen ikke vejede mere end protonen i atomets kerne, ville solens og andre stjerners aktive livstid forkortes til et par hundrede år; hvis elektroners og protoners elektriske ladning ikke balancerede præcist, ville alle stofkonfigurationer blive ustabile, og universet ville ikke bestå af andet end udstråling og en forholdsvis ensartet blanding af gasser … Hvis den stærke kraft, der binder partiklerne i en atomkerne var blot en brøkdel *svagere* end den er, ville deuteron ikke eksistere, og stjerner som solen kunne ikke skinne. Og hvis den kraft var en smule *stærkere* end den er, ville solen og andre aktive stjerner svulme op og måske eksplodere … Værdierne af de fire universelle kræfter [elektromagnetisme, tyngdekraft og de stærke og svage kernekræfter] var nøjagtigt sådan, at livet kunne udvikle sig i kosmos."

Avataren Jesus 7

Professor Davies anslår, at hvis – som nogle videnskabsmænd påstår – der ikke var nogen iboende ledende intelligens, og den kosmiske udvikling kun var styret af tilfældige, strengt mekaniske love, "ville det ved hjælp af udelukkende tilfældige processer tage mindst $10^{10^{80}}$ år at opnå den grad af orden, som vi nu møder i universet" – ufatteligt meget længere end universets nuværende alder. Med henvisning til disse beregninger, bemærker Laszlo ironisk: "Lykkelige sammentræf af denne størrelsesorden mangler troværdighed," og konkluderer så: "Må vi så se den mulighed i øjnene, at det univers som vi er vidner til, er resultatet af en almægtig bygmesters målbevidste plan?" *(Udgiverens note)*

Kristus er Guds Uendelige Intelligens, til stede i hele skabelsen. Den Uendelige Kristus er Gud Faders "enbårne søn", den eneste rene Afspejling af Ånden i den skabte verden. Denne Universelle Intelligens, *Kutastha Chaitanyaen* eller Krishnabevidstheden i de hinduistiske hellige skrifter, blev fuldt ud manifesteret i inkarnationen af Jesus, Krishna og andre guddommelige skikkelser; og den kan også manifesteres i din bevidsthed.

❖ ❖ ❖

Tænk engang! Hvis du levede i dette ene værelse hele livet uden kontakt med eller viden om, hvad der var udenfor disse vægge, ville du sige, at det er hele din verden. Men hvis nogen tog dig med ud i verden udenfor, ville du forstå hvor forsvindende lille din "verden" var. Det er det samme med opfattelsen af Kristusbevidsthed. Den jordiske bevidstheds rækkevidde svarer til sammenligning til kun at observere et lillebitte sennepsfrø og udelukke resten af kosmos. Kristusbevidsthed er Allestedsnærværelse, Herren spredt ud over hver eneste pore i det uendelige rum og gennemstrømmende hvert eneste atom.[1]

❖ ❖ ❖

---

[1] Se også s. 25 ff. Skabelsens modstridende kraft, som skaber disharmoni, sygdom, adskillelse og uvidenhed, er personificeret i Bibelen som Satan. I yogaens filosofi hedder denne forvildende kraft *Maya* eller *Apara-Prakriti*. En udførlig forklaring gives af Paramahansa Yogananda i *The Second Coming of Christ: The Resurrection of the Christ Within You.*

En myres bevidsthed er begrænset til fornemmelserne i dens lille krop. En elefants bevidsthed udstrækkes gennem hele dens store legeme, således at ti mennesker, som rørte ved ti forskellige dele af dens krop ville vække samtidige følelser. Kristusbevidstheden ... når til grænserne for alle vibrationsområder.

Hele den vibrerende skabelse er Åndens ydre manifestation. Den allestedsnærværende Ånd skjuler Sig i vibrerende stof, ligesom olien i en oliven. Når man presser en oliven, viser der sig små oliedråber på overfladen; på samme måde kommer Ånden, som individuelle sjæle, gennem en udviklingsproces gradvist frem fra materien. Ånden udtrykker Sig Selv som skønhed og magnetisk og kemisk kraft i mineraler og ædelstene; som skønhed og liv i planter; som skønhed, liv, kraft, bevægelse og bevidsthed i dyr; som forstand og udvidende kraft i mennesket; og vender igen tilbage til Allestedsnærværelse i overmennesket.[2]

Hver evolutionær fase udtrykker således Ånden i større grad. Dyret er frigjort fra mineralernes inerti og planternes fastlåsthed og kan med bevægelse og følende bevidsthed opleve en større del af Guds skabelse. Mennesket forstår i kraft af sin selvbevidsthed desuden sine medmenneskers tanker og kan sende sit sansende sind ud i det stjernestrøede verdensrum, i det mindste ved hjælp af fantasien.

Overmennesket udvider sin livsenergi og bevidsthed fra sit legeme ud i hele rummet, og føler virkeligt i sig selv tilstedeværelsen af alle universer i det store kosmos såvel som i hvert lillebitte atom på jorden. I overmennesket genvindes Åndens tabte allestedsnærværelse, som er bundet i sjælen som individuel Ånd ...

Jesu bevidsthed blev overført fra legemets omkreds til grænsen for hele den endelige skabelse i det manifesterede vibrationsområde: sfæren af rum og tid, som omfatter planetuniverser, stjerner, Mælkevejen og vores lille familie af et solsystem, hvoraf jorden er en del, og på hvilken Jesu fysiske legeme kun var som et støvkorn. Mennesket Jesus, en lillebitte partikel på

---

[2] Disse fem evolutionære stadier omtales i yogafilosofien som *koshaer*, "lag", der gradvist udfoldes, efterhånden som skabelsen går fra ubevægeligt stof tilbage til ren Ånd. Se *God Talks With Arjuna: The Bhagavad Gita*, s. 63 ff., kommentarerne til I:4-6. *(Udgiverens note)*

jorden, blev til Jesus Kristus med en altgennemtrængende bevidsthed, ét med Kristusbevidstheden.

Jesu vigtigste lære: hvordan man bliver en Kristus

Guds arbejde i skabelsen er, gennem Kristusintelligensens evolutionære tilskyndelser, at trække alle væsener tilbage til bevidst enhed med Ham Selv ... Når der er udbredt lidelse på jorden, svarer Gud på Sine børns sjælekald ved at sende en guddommelig søn, som ved sit forbilledlige åndelige liv, ved at udtrykke Kristusbevidstheden, kan lære mennesker at samarbejde med Hans frelsende værk i deres liv.

❖ ❖ ❖

Det var denne Uendelige Bevidsthed, fuld af Guds kærlighed og salighed, som Sankt Johannes omtalte, da han sagde: "Men alle dem, som tog imod ham [Kristusbevidstheden], gav han magt til at blive Guds børn." Efter Jesu egen lære, som nedskrevet af Johannes, hans højest udviklede discipel, kaldes alle de sjæle, som forenes med Kristusbevidstheden ved intuitiv Selverkendelse, således med rette Guds sønner.

❖ ❖ ❖

At modtage Kristus kan ikke lade sig gøre ved at være medlem af en kirke, eller ved det ydre ritual at modtage Jesus som sin frelser uden virkeligt at kende ham ved at kontakte ham i meditation. At kende Kristus betyder at lukke øjnene, udvide bevidstheden og fordybe koncentrationen i en sådan grad, at man gennem sjælens intuitions indre lys tager imod den samme bevidsthed, som Jesus havde.

Sankt Johannes og andre højt udviklede disciple af Jesus, som i sandhed "tog imod" ham, følte ham som Kristusbevidstheden, som er til stede i hvert gran af skabelsen. En sand kristen – en Krist-en – er den, som befrier sin sjæl fra kropsbevidstheden og forener den med den Kristusintelligens, som gennemstrømmer hele skabelsen.

❖ ❖ ❖

Et lille bæger kan ikke indeholde hele havet. På samme måde kan den menneskelige bevidstheds bæger, som er begrænset af verdslige fysiske og mentale indtryk, ikke fatte den universelle Kristusbevidsthed, ligegyldigt hvor meget man end ønsker at gøre det. Ved hjælp af meditationens konkrete videnskab, som har været kendt i årtusinder af Indiens yogier og vismænd, og af Jesus, kan enhver, som søger Gud, udvide omfanget af sin bevidsthed til alvidenhed – og således i sig selv modtage Guds Universelle Intelligens.

❖ ❖ ❖

Den guddommelige kraft ved erkendelsen af Kristus er en indre oplevelse; den kan modtages gennem ubetinget hengivenhed til Gud og til Hans rene spejlbillede som Kristus. Kirkens og templets magt vil forsvinde. Ægte åndelighed vil udgå fra templerne af store sjæle, som dag og nat er i Guds ekstase. Sådanne sjæle som jeg har set i Indien overgår alle templernes herlighed. Husk at Kristus søger templer af sande sjæle. Han elsker den stille helligdom af hengivenhed i dit hjerte, hvor du forbliver med ham, i det fredhellige sted, som gløder af din kærligheds evighedslys. De, som mediterer med hengivenhed, modtager Kristus på stilhedens alter i deres egen bevidsthed.

❖ ❖ ❖

Når jeg giver denne bog titlen *The Second Coming of Christ*[3], henviser jeg ikke til en bogstavelig tilbagevenden af Jesus til jorden. Han kom for totusind år siden, og efter at have givet os en universel vej til Guds rige blev han korsfæstet og genopstod; hans genkomst for masserne nu er ikke nødvendig for at opfylde hans lære. Hvad der *er* nødvendigt, er for Jesu kosmiske visdom og guddommelige opfattelse at tale igen gennem ethvert menneskes egen oplevelse og forståelse af den uendelige Kristusbevidsthed, som blev legemliggjort i Jesus. Det bliver hans sande Genkomst.

❖ ❖ ❖

Sande følgere af Kristus er dem, der i deres egen bevidsthed gennem meditation og ekstase omfavner Jesu Kristi allestedsnærværende kosmiske visdom og salighed ... De hengivne, som vil være rigtige Krist-ne og ikke

---

[3] Dvs. det større værk af Paramahansa Yogananda, hvorfra *Yoga og Jesus* er uddraget.

blot medlemmer af kristen kirkedom, må kende og i sandhed føle tilstedeværelsen af den Allestedsnærværende Kristus hele tiden, må være ét med Ham i ekstase og lade sig lede af Hans Uendelige Visdom.

Denne lære er blevet sendt for at forklare sandheden, som Jesus ønskede, at den skulle være kendt i verden – ikke for at give en ny kristendom, men for at give den virkelige Kristus-lære: hvordan man bliver som Kristus, hvordan man genopliver den Evige Kristus i sit eget Selv.

KAPITEL 2

Jesus og Yoga

Kontinuiteten af Guds ord gennem Hans avatarer [blev] smukt symboliseret af den åndelige udveksling mellem Jesus ved hans fødsel og de Vise Mænd fra Indien, som kom for at ære hans inkarnation.

❖ ❖ ❖

Der er en meget stærk tradition i Indien, som er kendt og anerkendt blandt højtstående metafysikere i historier, der er velfortalt og nedskrevet i gamle manuskripter, om at de vise mænd fra Østen, som fandt vej til Jesusbarnet i Betlehem, i virkeligheden var store vismænd fra Indien. De indiske mestre kom ikke blot til Jesus, men han gengældte også deres besøg.

I løbet af de år af Jesu liv som der ikke er gjort rede for – Bibelen fortæller ikke noget om ham fra han var omkring fjorten til tredive år – rejste han til Indien, sandsynligvis ad den veletablerede handelsrute, der forbandt Middelhavet med Kina og Indien.

Hans egen Gudserkendelse, der blev genopvakt og forstærket i samværet med mesterne og de åndelige omgivelser i Indien, gav ham baggrunden for sandhedens universalitet, hvorfra han kunne prædike et enkelt, åbent budskab, der var forståeligt for masserne i hans fødeland, men med dybere betydninger, der ville blive værdsat i kommende generationer, efterhånden som menneskets spæde sind ville modnes i forståelse.

Jesu "tabte år"

I Det Nye Testamente sænker sig et stilhedens tæppe over Jesu liv efter hans tolvte år, og tæppet løftes ikke igen før atten år senere, på den tid hvor han bliver døbt af Johannes og begynder at prædike for mængderne. Vi får blot at vide: *"Og Jesus gik frem i visdom og vækst og yndest hos Gud og mennesker."* (Lukasevangeliet 2:52).

At de samtidige af en så usædvanlig skikkelse ikke fandt noget bemærkelsesværdigt at optegne fra hans barndom til hans tredivte leveår er i sig selv usædvanligt.

Jesus og Yoga

Indien: religionens moder

Et væld af beviser for den indiske åndelige kulturs forrang i oldtidens verden præsenteres af Georg Feuerstein, ph.d., Subhash Kak, ph.d., og David Frawley, o.m.d. i *In Search of the Cradle of Civilization: New Light on Ancient India* (Wheaton, Ill.: Quest Books, 1995): "Det gamle ordsprog *ex oriente lux* ('Fra Østen kommer lyset') er ikke nogen floskel, for civilisationens fakkel, især den indre hellige tradition af evig visdom, er blevet overleveret fra den østlige halvkugle ... De mellemøstlige frembringelser af jødedommen og kristendommen, der i vid udstrækning har givet vores civilisation dens nuværende form, blev påvirket af idéer, som stammer fra lande længere østpå, især Indien."

Indiens hellige skrifter "er vores races ældste eksisterende filosofi og psykologi," siger den berømte historiker Will Durant i *Our Oriental Heritage* (*The Story of Civilization*, Part I). Robert C. Priddy, professor i filosofihistorie ved Universitetet i Oslo, skrev i *On India's Ancient Past* (1999): "Indiens fortid går så langt tilbage og har haft så stor indflydelse på civilisationens og religionens opståen, i det mindste for næsten alle i den gamle verden, at de fleste kan betragte den som den tidligste del af vores egen odyssé ... Religionens moder, verdens tidligste åndelige lære i den vediske tradition, indeholder den allerhøjeste og mest omfattende filosofi."

I sit tobindsværk *India and World Civilization* (Michigan State University Press, 1969), samler historikeren D. P. Singhal omfattende dokumentation for Indiens åndelige indflydelse på den gamle verden. Han beskriver udgravningen af en vase i nærheden af Baghdad, som har fået forskerne til at konkludere at "ved midten af det tredje årtusinde f.Kr. udøvedes allerede en indisk kult i Mesopotamien ... Arkæologien har således vist, at totusind år før de tidligste henvisninger i kileskrift til kontakt med Indien, sendte Indien sine varer til det land, hvor den vestlige civilisations rødder findes." (*Udgiverens note*)

Der findes dog bemærkelsesværdige beretninger, blot ikke i Jesu fødeland, men længere østpå, hvor han tilbragte de fleste af de år som der ikke er gjort rede for. Bortgemt i et tibetansk kloster findes uvurderlige optegnelser. De fortæller om en Sankt Issa fra Israel "i hvem universets sjæl blev manifesteret"; som fra sit fjortende til sit otteogtyvende år var i Indien og i Himalayas egne blandt helgener, munke og vismænd; som forkyndte sit budskab i hele området og derefter vendte tilbage for at undervise i sit fødeland, hvor han blev behandlet grusomt, dømt og henrettet. Udover optegnelserne i disse gamle manuskripter er ingen anden historie om de ukendte år af Jesu liv nogensinde blevet offentliggjort.

Heldigvis blev disse gamle optegnelser opdaget og kopieret [i Himis Klosteret i Tibet] af en russisk rejsende, Nicholas Notovitch ... Han udgav selv sine notater i 1894 under titlen *The Unknown Life of Jesus Christ* ...

I 1922 besøgte Swami Abhedananda, en direkte discipel af Ramakrishna Paramahansa, Himis Klosteret og bekræftede alle de vigtigste detaljer om Issa, som var blevet udgivet i Notovitchs bog.

På en ekspedition til Indien og Tibet i midten af 1920'erne så og kopierede Nicholas Roerich vers fra gamle manuskripter, som var de samme, eller som i det mindste havde det samme indhold som de, der blev udgivet af Notovitch. Han var også dybt imponeret af de mundtlige traditioner på egnen: "I Srinagar stødte vi først på den mærkelige legende om Kristi besøg på dette sted. Senere så vi, hvor udbredt i Indien, Ladak og Centralasien denne legende var om Kristi besøg på disse steder under hans lange fravær, som beskrevet i evangelierne."

❖ ❖ ❖

Indien er religionens moder. Dets civilisation er blevet anerkendt som meget ældre end Egyptens legendariske civilisation. Hvis man studerer det nærmere, ser man, at Indiens gamle hellige skrifter, der er ældre end alle andre åbenbaringer, har påvirket både Egyptens Dødebog, Bibelens Gamle og Nye Testamenter samt andre religioner. Alle var i kontakt med, og blev påvirket af, Indiens religion, fordi Indien har specialiseret sig i religion fra tidernes morgen.

Således skete det, at Jesus selv tog til Indien. I Notovitchs manuskript står der: "Issa udeblev i al hemmelighed fra sin fars hus; forlod Jerusalem og rejste i et følge af handelsmænd mod Sindh, med det formål at fuldkommengøre sig i kendskabet til Guds Ord og at studere de store Buddhaers love."[4]

❖ ❖ ❖

Det betyder dog ikke, at Jesus lærte alt, hvad han underviste i fra sine åndelige vejledere og forbindelser i Indien og omkringliggende regioner. Avatarer medbringer deres egen fond af visdom. Jesu egen skat af guddommelig erkendelse blev blot vakt til live og formet til at passe til hans enestående mission ved hans ophold blandt de hinduistiske vismænd, de buddhistiske munke og især de store yogamestre, fra hvem han modtog indvielse i den esoteriske videnskab om forening med Gud gennem meditation. Ud fra den viden, han havde indsamlet, og fra den visdom, der blev bragt frem fra hans sjæl i dyb meditation, destillerede han for masserne simple lignelser om de ideelle principper, hvormed man kan regere sit liv for Guds øjne. Men til sine nære disciple, som var rede til at modtage det, lærte han om de dybere mysterier, som det fremgår af Johannes' Åbenbaring i Det Nye Testamente, hvis symbolik stemmer nøjagtigt overens med yogaens videnskab om Gudserkendelse. *[Se side 35].*

❖ ❖ ❖

De dokumenter, som blev fundet af Notovich, giver historisk støtte til det, jeg længe har hævdet, og som går tilbage til mine tidligste år i Indien: at Jesus var forbundet med Indiens *rishier* gennem de Vise Mænd, som rejste til hans vugge, og for hvem han drog til Indien for at modtage deres velsignelser og for at rådføre sig om sin verdensmission. Jeg prøver på denne bogs sider at klargøre at hans lære, der er født af hans indre Gudserkendelse og udviklet af hans ydre studier med mestrene, udtrykker almengyldigheden af den Kristusbevidsthed, som ikke kender til nogen begrænsning af race eller tro.

Ligesom solen, der står op i øst og bevæger sig mod vest og spreder sine stråler, således opstod Kristus i Østen og kom til Vesten, for der at

---

[4] Jf. Swami Abhedanandas oversættelse af dette vers fra tibetansk: "På den tid var hans store ønske at opnå fuld erkendelse af guddommen og lære om religion ved fødderne af dem, som har opnået fuldkommenhed gennem meditation." – *Journey into Kashmir and Tibet*

blive æret i en vidt udbredt kristenhed, hvis tilhængere ser op til ham som deres guru og frelser. Det er ikke noget tilfælde, at Jesus valgte at blive født som en orientalsk Kristus i Palæstina. Dette sted var et knudepunkt, der forbandt Østen med Europa. Han rejste til Indien for at ære sin forbindelse med dets *rishier*, prædikede sit budskab over hele den egn og vendte så tilbage for at sprede sin lære i Palæstina, som han i sin store visdom så som porten, gennem hvilken hans ånd og ord ville finde vej til Europa og resten af verden. Denne store Kristus, som udstrålede Orientens åndelige styrke og kraft i Vesten, er et guddommeligt forbindelsesled, der forener mennesker i Øst og Vest, som elsker Gud.

Hverken Orienten eller Occidenten har monopol på sandheden. Solens rene sølv-gyldne lys ser rødt eller blåt ud, hvis det ses gennem rødt eller blåt glas. På samme måde synes sandheden kun at tage forskellige former, når den er farvet af en orientalsk eller occidentalsk civilisation. Hvis man ser på den væsentlige kerne af sandhed, som de store mestre fra forskellige tider og himmelstrøg har udtrykt, finder man meget lidt forskel i deres budskaber. Hvad jeg modtog fra min Guru og Indiens højtærede mestre, finder jeg at være det samme, som den lære jeg har modtaget fra Jesus Kristus.

Evangeliernes tabte lære

Kristus er blevet meget misfortolket af verden. Selv de mest elementære principper i hans lære er blevet vanhelliget, og deres esoteriske dybder er blevet glemt. De er blevet korsfæstet i hænderne på dogmer, fordomme og indskrænket forståelse. Folkedrabskrige er blevet udkæmpet, mennesker er blevet brændt som hekse og kættere på grundlag af den formodede autoritet fra kristendommens menneskeskabte doktriner. Hvordan frelser man den udødelige lære fra uvidenhedens hænder? Vi må kende Jesus som en orientalsk Kristus, en ophøjet yogi, som manifesterede fuld beherskelse af den universelle videnskab om forening med Gud, og som derfor kunne tale og handle som frelser med Guds stemme og autoritet. Han er blevet alt for vestliggjort.

Jesus var orientalsk af fødsel, af blod og af uddannelse. At adskille en lærer fra hans nationale baggrund er at sløre den forståelse gennem

De gnostiske evangelier: den tabte kristendom?

Gennem det bemærkelsesværdige fund af tidlige kristne gnostiske tekster ved Nag Hammadi i Egypten i 1945, kan man få et glimt af noget af det, der gik tabt for det konventionelle kristendom under denne proces af "vestliggørelse". I *The Gnostic Gospels* (New York: Vintage Books, 1981) skriver Elaine Pagels, ph.d.:

"Nag Hammadi teksterne, og andre som ligner dem, som var i omløb i begyndelsen af den kristne æra, blev fordømt som kætteri af ortodokse kristne i midten af det andet århundrede ... Men de, der skrev og satte disse tekster i omløb, så ikke sig selv som 'kættere'. De fleste af skrifterne anvender kristen terminologi, klart forbundet med en jødisk arv. Mange påstår, at de beskriver traditioner om Jesus, som er hemmelige, skjult for 'de mange', som udgjorde hvad der i det andet århundrede blev kaldt 'den katolske kirke'. Disse kristne betegnes nu som gnostikere, fra det græske ord *gnosis*, der almindeligvis oversættes som 'viden'. For ligesom de, der siger, at de ikke ved noget om den endelige virkelighed kaldes for agnostikere (direkte oversat 'ikke-vidende'), så kaldes den person, der hævder at vide sådanne ting for gnostiker ('vidende'). Men *gnosis* er ikke primært rationel viden ... Som gnostikerne bruger udtrykket, kunne vi oversætte det som 'indsigt', for *gnosis* involverer en intuitiv selvkendelsesproces ... [Ifølge gnostiske lærere] betyder det at kende sig selv på det dybeste niveau det samme som at kende Gud; dette er hemmeligheden ved *gnosis* ...

"Den 'levende Jesus' i disse tekster taler om illusion og oplysning, ikke om synd og omvendelse, som Jesus i Det Nye Testamente. I stedet for at komme for at frelse os fra synd, kommer han som en vejleder, der åbner adgangen til åndelig forståelse ...

"Ortodokse kristne tror, at Jesus er Herre og Guds Søn på en enestående måde: han forbliver for evigt anderledes end resten af menneskeheden, som han kom for at frelse. Og dog fortæller det gnostiske Thomasevangelium, at så snart Thomas genkender ham, siger Jesus til Thomas, at de begge har modtaget deres væsen fra den samme kilde: 'Jeg er ikke din herre. Fordi du har drukket, er du blevet fuld af den boblende strøm, som jeg har udmålt ... Den, som drikker fra min mund, bliver ligesom jeg: Jeg bliver selv til ham, og de skjulte ting skal åbenbares for ham.'

> "Lyder en sådan lære – identiteten af det guddommelige og det menneskelige, fokuset på illusion og oplysning, grundlæggeren som ikke præsenteres som Herre, men som åndelig vejleder – ikke mere østlig end vestlig? ... Kunne hinduistiske eller buddhistiske traditioner have påvirket gnosticismen? ... Idéer, som vi forbinder med østens religioner, dukkede op i det første århundrede gennem den gnostiske bevægelse i Vesten, men de blev undertrykt og fordømt af polemikere som Irenæus." (*Udgiverens note*)

hvilken han opfattes. Uanset hvad Jesus Kristus var i sig selv i sin egen sjæl, måtte han, siden han blev født og voksede op i Orienten, benytte sig af udtryksmidlerne fra den orientalske civilisation, dens skikke, manerer, sprog og lignelser, når han spredte sit budskab. For at forstå Jesus Kristus og hans lære må man derfor være sympatisk åben over for det orientalske synspunkt – især Indiens gamle og nuværende civilisation, religiøse skrifter, traditioner, filosofier, åndelige overbevisninger og intuitive metafysiske oplevelser. Selvom Jesu lære esoterisk set er universel, er den gennemsyret af essensen af den orientalske kultur – rodfæstet i de orientalske påvirkninger, som er blevet tilpasset det vestlige miljø.

Evangelierne kan med rette forstås i lyset af Indiens lære – ikke de kaste-bebyrdede, stentilbedende, forvrængede fortolkninger af hinduismen, men de indiske *rishiers* filosofiske, sjælefrelsende visdom: vedaernes, Upanishadernes og Bhagavad Gitaens kerne, ikke skal. Denne Sandhedsessens – *Sanatana Dharmaen*, eller de evige principper af retfærdighed, som opretholder mennesket og universet – blev givet til verden tusinder af år før den kristne æra, og er bevaret i Indien med en åndelig vitalitet, som har gjort en søgen efter Gud til livets alfa og omega og ikke blot en teoretisk adspredelse.

Den universelle religionsvidenskab

Den personlige erkendelse af sandhed er videnskaben bag alle videnskaber. Men for de fleste er religion forfaldet til at være en trossag. En tror på katolicismen, en anden vælger et eller andet protestantisk trossamfund, mens andre tror på, at den jødiske eller hinduistiske eller muslimske eller buddhistiske religion er den sande vej. Religionsvidenskaben identificerer de universelle sandheder, som er fælles for dem alle – religionens grundlag – og viser, hvordan man ved praktisk anvendelse af dem kan opbygge sit liv i overensstemmelse med den Guddommelige Plan. Indiens lære om *Raja Yoga*, den "kongelige" videnskab om sjælen, erstatter den religiøse ortodoksi ved systematisk at beskrive de metoder, som er universelt nødvendige for ethvert individ for at opnå fuldkommenhed, uanset race eller trosretning.

❖ ❖ ❖

Der er brug for en genforening af religionsvidenskab med religionens ånd eller inspiration – det esoteriske med det eksoteriske. Den yogavidenskab, som Herren Krishna underviste i, og som giver praktiske metoder til at opnå en virkelig indre oplevelse af Gud, der kan erstatte overbevisningernes korte forventede levetid, og den ånd af Kristus-kærlighed og broderskab, som Jesus forkyndte – det eneste sikre universalmiddel, der kan forhindre verden i at rive sig selv i stykker som følge af dens jernhårde forskelle – er i tandem én og den samme universelle sandhed, som disse to Kristusser fra Østen og Vesten underviste i.

❖ ❖ ❖

Verdens frelsere kommer ikke for at skabe fjendtlige doktrinære splittelser; deres lære skal ikke bruges til det formål. Alene det at kalde Det Nye Testamente for den 'kristne' bibel, er noget af en misvisende betegnelse, for den tilhører ikke udelukkende en enkelt sekt. Sandheden er bestemt til at velsigne og opløfte hele menneskeheden. Ligesom Kristusbevidstheden er universel, tilhører Jesus Kristus alle.

Selvom jeg lægger vægt på budskabet fra Herren Jesus i Det Nye Testamente og yogaens videnskab om enhed med Gud, som beskrevet af Bhagavan Krishna i Bhagavad Gitaen som *summum bonum* af vejen til Gudserkendelse, ærer jeg de alsidige udtryk af sandhed, som strømmer fra den Ene Gud gennem de hellige skrifter fra Hans forskellige udsendinge.

❖ ❖ ❖

Sandheden er i sig selv den endelige "religion". Skønt sandheden kan udtrykkes på forskellig vis af sekteriske "ismer", så kan den aldrig blive udtømt af dem. Den har uendelige manifestationer og forgreninger, men den har én fuldbyrdelse: direkte oplevelse af Gud, den Eneste Virkelighed.

Det menneskelige præg af sekterisk tilhørsforhold er af ringe betydning. Det er ikke det religiøse trossamfund i hvilket ens navn er registreret, eller den kultur eller tro i hvilken man er født, som giver frelse. Sandhedens essens går ud over alle ydre former. Det er den essens, som er det vigtigste for at forstå Jesus og hans universelle sjælekald om at komme ind i Guds rige, som er "inden i jer".

❖ ❖ ❖

Vi er alle Guds børn, fra begyndelsen og i evighed. Forskellene kommer af fordomme, og fordom er et barn af uvidenhed. Vi skal ikke med stolthed identificere os selv som amerikanere eller indere eller italienere eller nogen anden nationalitet, for det er blot en tilfældighed, der skyldes vores fødsel. Fremfor alt skulle vi være stolte af at være Guds børn, skabt i Hans billede. Er det ikke Kristi budskab?

Jesus Kristus er et fremragende forbillede at følge for både Østen og Vesten. Guds præg, "Guds søn", er skjult i hver eneste sjæl. Jesus bekræftede de hellige skrifter: "I er guder."

Afskaf maskerne! Kom åbenlyst frem som Guds sønner – ikke ved hule proklamationer og indlærte bønner, et fyrværkeri af intellektuelt formulerede prædikener udtænkt for at prise Gud og samle konvertitter, men ved *erkendelse*! Vær ikke identificeret med snæversynet bigotteri, maskeret som visdom, men med Kristusbevidsthed. Vær identificeret med den universelle kærlighed, der kommer til udtryk i tjeneste for alle, både materielt og åndeligt; så vil du vide, hvem Jesus Kristus var, og du kan sige i din sjæl, at vi alle er én flok, alle er sønner af den Ene Gud!

❖ ❖ ❖

"Jeg kan godt lide Deres lære. Men er De kristen?" Det var første gang, spørgeren talte med Paramahansaji. Guruen svarede:

"Sagde Kristus ikke til os: 'Ikke enhver, der siger: Herre, Herre! til mig, skal komme ind i Himmeriget, men kun den, der gør min himmelske Faders vilje'?

"I Bibelen betyder ordet hedning en afgudsdyrker: én, hvis opmærksomhed er rettet, ikke mod Vorherre, men mod verdens tillokkelser. En materialistisk indstillet person kan godt gå i kirke om søndagen og alligevel være hedning. Den, der altid holder et indre lys tændt til erindring om den Himmelske Fader og som adlyder Jesu forskrifter, er kristen."

Han tilføjede: *"De må selv afgøre, om De mener, jeg er kristen eller ej."*

– Visdomsord af Paramahansa Yogananda

KAPITEL 3

Yogien Jesu indre lære
Hvordan alle sjæle kan opnå Kristusbevidsthed

Vigtigheden af Trøsteren eller Helligånden

"Hvis I elsker mig, så hold mine befalinger! Og jeg vil bede Faderen, og Han skal give jer en anden Trøster til at være hos jer til evig tid, sandhedens Ånd, som verden ikke kan tage imod, fordi den ikke ser Ham og ikke kender Ham; men I kender Ham, thi Han bliver hos jer og skal være i jer. Jeg vil ikke efterlade jer faderløse ...

"Men Trøsteren, Helligånden, som Faderen vil sende i mit navn, han skal lære jer alle ting og minde jer om alt, hvad jeg har sagt jer.

"Fred efterlader jeg jer, min fred giver jeg jer; jeg giver jer ikke, som verden giver. Jeres hjerte forfærdes ikke og være ikke modløst!" (Johannesevangeliet 14:15-18, 26, 27).

I dag gælder den samme formaning, som Jesus gav til sine nærmeste disciple. Hvis en hengiven elsker ham (det vil sige, elsker kontakten med Kristusbevidstheden i ham), så må han eller hun trofast følge budene – lovene om kroppens og sindets disciplin og meditation – som er nødvendige for at åbenbare Kristusbevidstheden i den enkeltes egen bevidsthed.

❖ ❖ ❖

Kun få i den kristne verden har forstået Jesu løfte om at sende Helligånden efter han var væk. Helligånden er Guds hellige, usynlige vibrationskraft, som aktivt opretholder universet: Ordet, eller *Aum*, Kosmisk Vibration, den Store Trøster, Frelseren fra alle sorger.

Ordet: Guds Intelligente Kosmiske Vibration

Den videnskabelige udvikling af den kosmiske skabelse fra Skaberen og Herren er beskrevet, med mystisk terminologi, i Det Gamle Testamentes skabelsesberetning i Første Mosebog. I Det Nye Testamente kan de første vers af Sankt Johannes' evangelium med rette kaldes Sankt Johannes' skabelsesberetning. Begge disse dybe bibelske beretninger svarer, når de er klart forstået ved intuitiv opfattelse, nøjagtigt til den åndelige kosmologi, der er fremsat i Indiens hellige skrifter, som er nedarvet fra Guldalderens *rishier,* som kendte Gud.

Sankt Johannes var måske den største af Jesu disciple. Ligesom en lærer blandt sine elever finder én hvis overlegne forståelse placerer ham som nummer ét i klassen, mens andre må placeres lavere, således var der blandt Jesu disciple forskellige grader af evne til at forstå og absorbere dybden og bredden af Kristus-menneskets lære. Blandt de forskellige bøger i Det Nye Testamente udviser Sankt Johannes' optegnelser den højeste grad af guddommelig erkendelse og kundgør de dybe esoteriske sandheder, som Jesus oplevede og overførte til Johannes. Ikke alene i sit evangelium, men i sine epistler og især i de dybtgående metafysiske oplevelser, symbolsk beskrevet i Johannes' Åbenbaring, præsenterer Johannes sandheder som Jesus formidlede, set fra synspunktet af en indre intuitiv erkendelse. I Johannes' ord finder vi nøjagtighed; og det er derfor at hans evangelium, skønt det er det sidste blandt de fire i Det Nye Testamente, burde regnes for det første, når man søger den sande betydning af Jesu liv og lære.

❖ ❖ ❖

"Ordet" i den oprindelige kristendom

Skønt den officielle kirkedoktrin i århundreder har fortolket "Ordet" (*Logos* på oprindeligt græsk) som henvisende til Jesus selv, var det ikke den forståelse, som oprindeligt var ment af Sankt Johannes i dette afsnit. Ifølge forskere kan det koncept, som Johannes udtrykte, bedst forstås, ikke gennem eksegese af kirkens ortodoksi, som kom meget senere, men gennem skrifterne og læren fra jødiske filosoffer fra Johannes' egen tid – for eksempel Ordsprogenes Bog (som Johannes og enhver anden jødisk person på hans tid ville have været bekendt med). I *A History of God: The 4,000 Year Quest of Judaism, Christianity, and Islam* (New York: Alfred A. Knopf, 1993) skriver Karen Armstrong: "Forfatteren til Ordsprogenes Bog, som skrev i det tredje århundrede f.Kr., personliggør Visdom, så hun ligner en særskilt person.

"Jahve skabte mig [Visdom], da hans hensigt først udfoldede sig, før de ældste af hans værker. Jeg blev frembragt i evigheden, fra begyndelsen, før jorden blev til ... da han lagde jordens grundvold, var jeg ved hans side, en mesterhåndværker, der glædede ham dag efter dag og som altid legede i hans nærvær, legede på hans vide jord og glad for at være med menneskenes sønner" (Ordsprogenes Bog 8:22-23, 30-31; The Jerusalem Bible) ...

"I de aramæiske oversættelser af de hebraiske hellige skrifter kendt som *targumer*, der blev skrevet på denne tid [dvs. da Johannesevangeliet blev skrevet], bruges udtrykket *Memra* (ord) til at beskrive Guds virke i verden. Det har den samme funktion som andre tekniske udtryk såsom 'herlighed', 'Helligånden' og 'Shekinah', som understreger forskellen mellem Guds tilstedeværelse i verden og den uforståelige virkelighed af Gud selv. Ligesom den guddommelige Visdom, symboliserede 'Ordet' Guds oprindelige plan for skabelsen."

De tidlige Kirkefædres skrifter viser også, at det var det, som Sankt Johannes mente. I *Clement of Alexandria* (Edinburgh: William Blackwood and Sons, 1914), skriver John Patrick: "Klemens klarlægger igen og igen, at Ordet er Guds Visdom." Og dr. Anne Pasquier, teologiprofessor ved Université Laval, Québec, skriver i *The Nag Hammadi Library After Fifty Years* (redigeret af John D. Turner og Anne McGuire; New York: Brill, 1997): "Filon, Klemens fra Alexandria og Origenes ... knytter alle Logos til Guds Ord i Det Gamle Testamentes skabelsesberetninger, når 'Gud talte og det var sådan'. Valentinianerne gør det samme ... Ifølge valentinianerne beskriver forordet til Johannesevangeliet en åndelig skabelse, modellen for den stoflige, og den ses som en åndelig fortolkning af Det Gamle Testamentes skabelseshistorie."

Men "Ordet" (som også "den enbårne Søn") kom kun til at betyde personen Jesus gennem en gradvis doktrinudvikling, ved indviklede teologiske og politiske påvirkninger. Det var først i det fjerde århundrede, skriver historikeren Karen Armstrong i *A History of God*, at kirken "indtog en eksklusiv opfattelse af religiøs sandhed: Jesus var Guds første og sidste Ord til menneskeheden". *(Udgiverens note)*

"I begyndelsen ..." Med disse ord begynder kosmogonierne i både Det Gamle og Det Nye Testamente. "Begyndelsen" henviser til fødslen af den begrænsede skabelse, for i det Evige Absolutte – Ånden – er der hverken begyndelse eller ende ...

Siden Ånden var det eneste eksisterende Stof, havde Den intet andet end Sig Selv at skabe med. Ånden og Dens universelle skabelse kunne ikke være essentielt forskellige, for to evigt eksisterende Uendelige Kræfter ville derfor hver især være absolutte, hvilket pr. definition er en umulighed. En velordnet skabelse kræver dualitet mellem Skaberen og det skabte. Derfor skabte Ånden først en Magisk Illusion, Maya, den kosmiske Magiske Måler[5], som frembringer illusionen om at opdele en del af det Udelelige Uendelige i adskilte begrænsede genstande, ligesom et roligt hav ved en storm bliver forvrænget til individuelle overfladiske bølger.

Hele skabelsen er intet andet en Ånd, tilsyneladende og for en tid varieret af Åndens skabende, vibrerende aktivitet.

❖ ❖ ❖

I begyndelsen var Ordet, og Ordet var hos Gud, og Ordet var Gud. Dette var i begyndelsen hos Gud.

Alt er blevet til ved ham, og uden ham blev intet til af det, som er.

I ham var liv, og livet var menneskenes lys. (Johannesevangeliet 1:1-4).

"Ordet" betyder intelligent vibration, intelligent energi, som udgår fra Gud. Enhver ytring af et ord, som for eksempel "blomst", udtrykt af et intelligent væsen, består af lyd-energi eller vibration plus tanke, som indgyder vibrationen med intelligent betydning. På samme måde er Ordet, som er begyndelsen og kilden til al skabt stof den Kosmiske Vibration [Helligånden], fyldt med Kosmisk Intelligens [Kristusbevidsthed].

Tanken om stof, den energi som stof er lavet af, stof i sig selv – alting – er kun Åndens forskelligt vibrerende tanker.

❖ ❖ ❖

---

[5] På sanskrit betyder ordet *maya* (kosmisk illusion) "den, der måler"; det er den magiske kraft i skabelsen, ved hvilken begrænsninger og opdelinger tilsyneladende er til stede i det Ubegrænsede og Udelelige.

Før skabelsen er der kun den udifferentierede Ånd. Når Den manifesterer skabelsen, bliver Ånden til Gud Fader, Sønnen og Helligånden ...

Den Umanifesterede Ånd blev til Gud Fader, Skaberen af al kreativ vibration. I de hinduistiske hellige skrifter kaldes Gud Fader for *Ishvara* (den Kosmiske Hersker) eller *Sat* (den højeste pure essens af Kosmisk Bevidsthed) – den Transcendentale Intelligens. Det vil sige, at Gud Fader eksisterer transcendentalt, uberørt af enhver rystelse af vibrerende skabelse – en bevidst, separat Kosmisk Bevidsthed.

Den vibrationskraft, som udgår fra Ånden, med *mayas* illusoriske skabende kraft, er Helligånden: Kosmisk Vibration, Ordet, *Aum* (*Om*) eller Amen.

❖ ❖ ❖

Ordet, den Kosmiske Vibrations skabende energi og lyd, som lydbølgerne fra et utrolig kraftigt jordskælv, udgik fra Skaberen for at manifestere universet. Den Kosmiske Vibration, fyldt med Kosmisk Intelligens, blev kondenseret til fine elementer – termiske, elektriske, magnetiske og alle slags stråler; og så til atomer af damp (gasser), væsker og faste stoffer.

❖ ❖ ❖

En kosmisk vibration, der var aktiv allevegne i rummet, kunne ikke af sig selv skabe eller opretholde det forunderligt komplicerede kosmos ... [Således] blev Gud Faders transcendente bevidsthed manifesteret i Helligåndens vibration som Sønnen – Kristusbevidstheden, Guds intelligens i hele den vibrerende skabelse. Guds rene afspejling i Helligånden leder den til indirekte at skabe, genskabe, opretholde og forme skabelsen efter Guds guddommelige formål.

❖ ❖ ❖

De bibelske forfattere, som ikke var bekendte med de terminologier, som udtrykker den moderne tidsalders viden, brugte meget passende "Helligånden" og "Ordet" til at betegne den Intelligente Kosmiske Vibrations karakter. "Ordet" betegner en vibrerende lyd, som indebærer skabende kraft. "Ånd" antyder en intelligent, usynlig, bevidst kraft. "Hellig" beskriver denne Vibration, fordi den er Åndens manifestation, og fordi den prøver at skabe universet efter Guds fuldkomne mønster.

I de hinduistiske hellige skrifter betegnes "Helligånden" som *Aum*, en henvisning til dets rolle i Guds skabelsesplan: *A* står for *akara* eller den skabende vibration; *u* for *ukara*, den opretholdende vibration; og *m* for *makara*, opløsningens vibrationskraft. En storm, som buldrer over havet, skaber store og små bølger, opretholder dem i en tid og opløser dem derefter

Skabelsens vibrerende natur

Nye fremskridt i det, som teoretiske fysikere kalder "superstrengteori" fører videnskaben hen til en forståelse af skabelsens vibrerende natur. Brian Greene, ph.d., fysikprofessor ved Cornell og Columbia University, skriver i *The Elegant Universe: Superstrings, Hidden Dimensions, and the Quest for the Ultimate Theory* (New York: Vintage Books, 2000):

"I de sidste tredive år af sit liv søgte Albert Einstein ustandseligt en såkaldt forenet feltteori – en teori, som kunne beskrive naturens kræfter i en enkelt, altomfattende, sammenhængende ramme ... Nu, ved begyndelsen af det nye årtusinde, erklærer fortalere for strengteorien, at trådene i dette flygtige, forenede tæppe – endelig er blevet afsløret ...

"Teorien fremsætter, at det mikroskopiske landskab består af bittesmå strenge, hvis vibrationsmønstre iscenesætter universets udvikling," skriver professor Greene og forklarer os, at "længden af en typisk strengsløjfe er ... cirka hundrede milliarder milliarder (10^{20}) gange mindre end en atomkerne."

Professor Green forklarer, at ved slutningen af det tyvende århundrede havde videnskaben fastslået, at det fysiske univers bestod af meget få grundlæggende partikler, såsom elektroner, kvarker (byggestenene for protoner og neutroner) og neutrinoer. "Skønt hver partikel sås som elementær," skriver han, "troede man, at den slags 'stof', som hver enkelt partikel indeholdt, var forskellig. Elektronernes 'stof' var for eksempel negativt elektrisk ladet, mens neutrinoernes 'stof' ikke havde nogen elektrisk ladning. Strengteorien forandrer dette billede radikalt ved at erklære, at 'stoffet' i alting og alle kræfter er det *samme*."

> "Ifølge strengteori er der kun én grundlæggende ingrediens – strengen," skriver Greene i *The Fabric of the Cosmos: Space, Time, and the Texture of Reality* (New York: Alfred A. Knopf, 2004). Han forklarer, at "ligesom en violinstreng kan vibrere i forskellige mønstre, som hver især skaber en vis musikalsk tone, kan superstrengteoriens filamenter også vibrere i forskellige mønstre ... En lille streng, som vibrerer i ét mønster, ville have en elektrons masse og elektriske ladning; ifølge teorien ville en sådan vibrerende streng *være* det, vi traditionelt har kaldt en elektron. En lille streng, som vibrerer i et andet mønster, ville have de fornødne egenskaber til at identificere den som en kvark, en neutrino eller en anden slags partikel ... Enhver af dem skabes fra et særskilt vibrationsmønster, udført af den samme underliggende enhed ... På det ultramikroskopiske niveau ville universet ligne en strygersymfoni, som vibrerer stof til eksistens."
> *(Udgiverens note)*

ved at trække sig tilbage. På samme måde skaber *Aum* eller Helligånden alle ting, bevarer dem i utallige former og opløser dem til sidst i Gudshavets favn for igen at blive genskabt – en fortsat proces med fornyelse af liv og form i Guds vedvarende kosmiske drøm.

Således er Ordet eller den Kosmiske Vibration "alle tings" oprindelse: "uden *ham* blev intet til af det, som er." Ordet eksisterede lige fra skabelsens begyndelse – Guds første manifestation i universets frembringelse. "Ordet var hos Gud" – fyldt med Guds reflekterede intelligens, Kristusbevidsthed – "og Ordet var Gud" – vibrationer af Hans eget ene Væsen.

Sankt Johannes' erklæring er en genklang af en evig sandhed, som genlyder på forskellige steder i de ældgamle vedaer: at det kosmiske, vibrerende Ord *(Vak)* var hos Gud Fader-Skaberen *(Prajapati)* i begyndelsen af skabelsen, da intet andet eksisterede, og at alting blev skabt af *Vak;* og at *Vak* i sig selv er Brahman (Gud).

❖ ❖ ❖

"Så siger han, som er Amen [Ordet, *Aum*], det troværdige og sanddru vidne, Guds skaberværks ophav."⁶ Den hellige Kosmiske Lyd *Aum* eller Amen er vidnet om det manifesterede Guddommelige Nærvær i hele skabelsen.

Faderen, Sønnen og Helligånden i Yoga

Kristendommens Hellige Treenighed – Faderen, Sønnen og Helligånden – i forhold til den almindelige idé om Jesu inkarnation, er fuldkomment uforståelig uden at sondre mellem Jesus som et legeme og Jesus som formidler, i hvilken den enbårne Søn, Kristusbevidstheden, blev manifesteret. Jesus skelner selv, når han taler om sit legeme som "menneskesønnen"; og om sin sjæl, som ikke var begrænset af legemet, men som var ét med den enbårne Kristusbevidsthed i hele den vibrerende skabelse, som "Guds søn".

"Thi således elskede Gud verden, at Han gav Sin Søn den enbårne" for at forløse den; det vil sige, at Gud Fader forblev skjult hinsides det vibrerende rige, som udgik fra Hans Væsen, men skjulte Sig så som Kristusintelligensen i alle ting og i alle levende væsener for ved hjælp af smukke evolutionære tilskyndelser at bringe alting tilbage til Sit hjem af Evig Velsignelse. Uden Guds tilstedeværelse, som er allestedsnærværende og gennemtrænger hele skabelsen, ville mennesket i sandhed føle sig berøvet Guddommelig Støtte – hvor kærligt, sommetider næsten umærkeligt, Den kommer til hjælp, når man bøjer knæet i bøn. Skaberen og den Højeste Velgører er aldrig længere væk end en hengiven tanke.

Sankt Johannes sagde: "Men alle dem, som tog imod ham, gav han magt til at blive Guds børn." Flertallet i "Guds børn" viser klart, fra den lære han fik af Jesus, at det ikke var Jesu legeme, men hans tilstand af Kristusbevidsthed, som var den enbårne søn; og at alle de, som kunne klare deres bevidsthed og modtage, eller uhindret genspejle, Guds kraft, kunne blive Guds sønner. De kunne blive ét med den enbårne genspejling af Gud i

---

⁶ Johannes' Åbenbaring 3:14. *Aum* i vedaerne blev til det hellige ord *Hum* hos tibetanerne, *Amin* hos muslimerne og *Amen* blandt egypterne, grækerne, romerne, jøderne og de kristne. På hebraisk betyder *Amen* "sikker, trofast".

alt stof, ligesom Jesus; og gennem sønnen, Kristusbevidstheden, stige op til Faderen, den højeste Kosmiske Bevidsthed.

❖ ❖ ❖

Indiens uvurderlige bidrag til verden, som i gamle dage blev fundet af Indiens *rishier*, er videnskaben om religion – yoga, "guddommelig forening" – ved hvilken man kan kende Gud, ikke som en teologisk idé, men som en virkelig personlig oplevelse. Af al videnskabelig kundskab er yogavidenskaben om Gudserkendelse af den højeste menneskelige værdi, for den bekæmper årsagen til al menneskelig lidelse: uvidenhed, illusionens forvirrende slør. Når man bliver sikkert forankret i Gudserkendelse, overskrides illusionen, og den lavtstående jordiske bevidsthed ophøjes til Kristuslignende status.

At modtage Kristusbevidsthed ved fællesskab med Helligånden i meditation

> *"Men alle dem, som tog imod ham, gav han magt til at blive Guds børn, dem, som tror på hans navn. De blev ikke født af blod, ej heller af køds vilje, ej heller af mands vilje, men af Gud." (Johannesevangeliet 1:12-13).*

Guds lys skinner ligeligt i alle, men på grund af vildledende uvidenhed er det ikke alle, som modtager eller genspejler dette lys på samme vis. Sollyset skinner på samme måde på en klump kul og en diamant, men det er kun diamanten, der modtager og genspejler lyset med strålende glans. Kulstoffet i kullet har potentialet til at blive til en diamant. Alt hvad der skal til, er omformning under højt tryk. Så der står her, at enhver kan blive ligesom Kristus – hvem der end klarer sin bevidsthed ved et moralsk og åndeligt liv, og især ved meditationens renselse, ved hvilken den almindelige dødelighed sublimeres til sjælens udødelige fuldkommenhed.

At blive Guds søn er ikke noget, som man skal opnå: man skal blot modtage Hans lys og erkende, at Gud allerede, lige fra begyndelsen, har tildelt en denne velsignede tilstand.

Yogien Jesu indre lære

"Dem, som tror på hans navn": Når selv Guds Navn vækker ens hengivelse og forankrer ens tanker i Ham, bliver det en dør til frelse. Når blot det at nævne Hans navn sætter ild i sjælen af kærlighed til Gud, begynder den hengivne på sin vej mod befrielse.

Den dybere mening af "navn" er en henvisning til Kosmisk Vibration (Ordet, *Aum*, Amen). Gud som Ånd har ikke noget begrænsende navn. Om man omtaler den Absolutte som Gud eller Jehova eller Brahman eller Allah, så udtrykker det Ham ikke. Gud som er Skaberen og alles Fader, vibrerer igennem naturen som det evige liv, og det liv har lyden af det store Amen eller *Aum*. Det er det navn, som mest akkurat definerer Gud. "Dem, som tror på hans navn" betyder dem, som er ét med denne *Aum*-lyd, Guds stemme i Helligåndens vibration. Når man hører Guds navn, denne Kosmiske Vibration, er man på vej til at blive en søn af Gud, for i denne lyd berører ens bevidsthed den immanente Kristusbevidsthed, som vil introducere en til Gud som Kosmisk Bevidsthed.

Vismanden Patanjali, Indiens største eksponent for yoga, beskriver Skabelsens Gud som Ishvara, den Kosmiske Herre eller Regent. "Hans symbol er *Pranava* (det Hellige Ord eller den Hellige Lyd, *Aum*). Ved inderlig gentagelse af *Aum* og meditation over dets betydning, forsvinder forhindringerne, og bevidstheden vender sig indad (bort fra identifikation med ydre sanser)" (*Yoga Sutraer* 1:27-29).[7]

Guds rigtige sønner, som var klare spejlbilleder af Faderen, uplettede af vrangforestillinger, er blevet menneskesønner ved at identificere sig med kødet og glemme deres oprindelse i Ånden. Det forvildede menneske er blot en tigger på tidens gade. Men som Jesus modtog og genspejlede Kristusbevidsthedens guddommelige sønneskab gennem sin rensede bevidsthed, således kan ethvert menneske ved yogameditation også rense sit sind, og blive til et diamantsind, der modtager og genspejler Guds lys.

---

[7] Patanjalis dato er ukendt, skønt mange lærde placerer ham i det andet århundrede f.Kr. I en serie af korte aforismer præsenterer hans berømte *Yoga Sutraer* den kortfattede essens af den overordentligt store og indviklede videnskab om forening med Gud – og fremsætter vejen til at forene sjælen med den udifferentierede Ånd på en så smuk, klar og koncis måde, at generationer af lærde har anerkendt disse *Yoga Sutraer* som det førende historiske værk om yoga.

❖ ❖ ❖

Metoden til at komme i kontakt med denne Kosmiske Vibration, Helligånden, spredes nu for første gang i hele verden ved *Kriya Yoga* videnskabens bestemte teknikker. Gennem det velsignede samvær med Helligånden udvides den menneskelige bevidstheds skål til at modtage Kristusbevidsthedens ocean. Den, der er dygtig til at udøve *Kriya Yoga* teknikken og som bevidst oplever nærværet af Helligåndens Trøster og forenes med Sønnen, den iboende Kristusbevidsthed, opnår derved erkendelse af Gud Fader og adgang til Guds uendelige kongerige.

Kristus kommer således igen i bevidstheden af enhver hengiven udøver, der mestrer teknikken til at kontakte Helligånden, som skænker Åndens ubeskriveligt salige trøst.

Dåb ved Helligånden

Den højeste dåb, ifølge Johannes Døberen og alle selverkendte mestre, er at blive døbt "med Helligånd og ild" – det vil sige at fyldes af Guds nærvær i den hellige Skabende Vibration, hvis allestedsnærværende alvidenhed ikke blot opløfter og udvider bevidstheden, men hvis ild af kosmisk livsenergi faktisk bortætser synder af nuværende dårlige vaner og de karmiske virkninger af tidligere fejlagtige handlinger.

❖ ❖ ❖

De opløftende vibrationer fra "Trøsteren" bringer dyb indre fred og glæde. Den Skabende Vibration vitaliserer den individuelle livskraft i kroppen, hvilket leder til helse og velvære og kan bevidst dirigeres som helende kraft til dem, der trænger til guddommelig hjælp. Da *Aum* vibrationen er kilden til intelligent kreativitet, inspirerer den ens egen foretagsomhed, opfindsomhed og vilje.

❖ ❖ ❖

Ved kontakten med Gud ... i meditation, opfyldes alle hjertets ønsker, for intet er mere værdifuldt, mere glædeligt eller tiltrækkende end Guds alttilfredsstillende, evigt nye glæde ... Den, der bader sin bevidsthed i Helligånden, er ikke knyttet til personlige ønsker og objekter, men nyder alt i Guds indre glæde.

❖ ❖ ❖

[En ekstatisk oplevelse Paramahansa Yogananda havde i samvær med Helligåndens Kosmiske Aum Vibration:]

"Når sanseindtrykkene vibrerer deres fornøjelser i kroppen, oplever jeg en tunghed; en vægt hænger på min sjæl, og jeg føler mig som nedtrukket til materien. Men, O ophøjende *Aum*, når Du vibrerer i mig, åh, hvilken jublende glæde og lethed jeg føler. Jeg svæver over kroppen. Jeg er draget mod Ånden. O store *Aum*, bølgende hav af *Aum*, vibrér længe i mig, så jeg kan forblive vågen i Din uendelige tilstedeværelse, som spredes til identitet med den Universelle Ånd. Åh, dette er Himmelens Stemme. Det er Åndens stemme. *Aum*, Du er kilden til alt liv, til alle skabelsesudtryk i universet. Så lad mig føle Dig, O store Moder Vibration, som bølger indeni mig som en del af Dit Kosmiske Selv. Modtag mig; gør mig ét med Dig. Forlad mig aldrig; vug altid indeni mig som et mægtigt åndeligt hav, som kalder på mig og afslører Dit oceaniske nærvær. O Mægtige Vibration, O Mægtige Sandhed, som gennemtrænger hvert atom i min krop, evige fred og harmoni, evige salighed og visdom, kom med Dit nærvær, med Din universelle genklang! Åh, disse bittesmå glæder, disse bittesmå opkvikkende sanselige vibrationer, ønsker jeg at forsage. Omslut mig i Din vibration og tag mig med, med Din rullende lyd. Befri mig for kødets trældom; før mig videre med Dine uendeligt vibrerende krusninger af alvidende glæde, O store *Aum*. Vær hos mig, gør mig til Din egen, forløs mig i Dig."

Rygradens yogavidenskab: "Jævn Herrens vej"

Der er en vidunderlig åbenbaring om vejen til den guddommelige kontakt, skjult i de bibelske vers hvor Johannes Døberen beskriver sig selv:

"Jeg er en røst af en, der råber i ørkenen: 'Jævn Herrens vej!' som profeten Esajas har sagt." (Johannesevangeliet 1:23).

Når ens sanser er optaget udadtil, er man fordybet i det travle marked af skabelsens samspil af materielle forviklinger. Selv når ens øjne er lukkede i bøn eller i andre koncentrerede tanker, er man stadig i travlhedens domæne. Den rigtige ørken, hvor ingen dødelige tanker, rastløshed eller menneskelige begær trænger sig ind, er i overskridelsen af det sansende sind, underbevidstheden og overbevidstheden – i Åndens kosmiske bevidsthed, den uskabte, sporløse "ørken" af Uendelig Salighed.

❖ ❖ ❖

Da Johannes indeni sig selv i stilhedens ørken hørte den alvidende Kosmiske Lyd, befalede den intuitive visdom ham stille: "Jævn Herrens vej." Udtryk Herren, den subjektive Kristusbevidsthed i hele den kosmiske vibrerende skabelse, indeni dig selv igennem den intuitive følelse, som vækkes i tilstanden af transcendental ekstase, når de guddommelige metafysiske centre af liv og bevidsthed åbnes i rygradens lige vej.

❖ ❖ ❖

Menneskets krop, som er enestående blandt alle skabninger, besidder åndelige centre af guddommelig bevidsthed i rygraden og hjernen, i hvilke den nedstegne Ånd har Sit tempel. Disse er kendt af yogierne, og af Sankt Johannes – som beskrev dem i Åbenbaringen som de syv segl, og som de syv stjerner og syv menigheder, med deres syv engle og syv guldlysestager.

❖ ❖ ❖

Yoga-afhandlinger forklarer ikke denne opvågning af centrene i rygraden som en mystisk afvigelse, men som en helt naturlig hændelse, der er fælles for alle hengivne, som finder vej til Guds nærvær. Yogaens principper erkender ikke nogen kunstige afgrænsninger af religiøse ismer. Yoga er den universelle videnskab om den guddommelige forening af sjælen med Ånden, af mennesket med sin Skaber.

Yoga beskriver den bestemte måde, hvorpå Ånden nedstiger fra Kosmisk Bevidsthed til stof og til individualiseret udtryk i alle væsener; og ligeledes hvordan den individualiserede bevidsthed i sidste ende må stige op til Ånden igen.

Yoga og Johannes' Åbenbaring

"Så skriv da ned, hvad du har set, både det, som er, og det, som siden skal ske. Dette er hemmeligheden om de syv stjerner, som du så i min højre hånd, og de syv guldlysestager: de syv stjerner er de syv menigheders engle, og de syv lysestager er de syv menigheder." (Johannes' Åbenbaring 1:19-20).

"Og jeg så, at han, som sad på tronen, i sin højre hånd havde en bogrulle, med skrift både indvendig og udvendig og forseglet med syv segl. Og jeg så en vældig engel, som med høj røst råbte: 'Hvem er værdig til at åbne bogrullen og bryde dens segl?' " (Johannes' Åbenbaring 5:1-2).

Yoga-afhandlinger kendetegner disse centre (i opadstigende rækkefølge) som:

1) *muladhara* (det coccygeale, nederst i rygraden);
2) *svadhisthana* (det sakrale, fem centimeter over *muladhara*);
3) *manipura* (det lumbale, overfor navlen);
4) *anahata* (det dorsale, overfor hjertet);
5) *vishuddha* (det cervikale, nederst i nakken);
6) *ajna* (sædet for det åndelige øje, som traditionelt findes mellem øjenbrynene; i virkeligheden direkte forbundet med medulla oblongata ved polaritet);
7) *sahasrara* (den "tusindbladede lotus" i den øverste del af cerebrum).

De syv centre er guddommeligt planlagte udgange eller "luger" hvorigennem sjælen er nedsteget i kroppen, og hvorigennem den må genopstige ved en meditationsproces. Gennem de syv trin, det ene efter det andet, undslipper sjælen til Kosmisk Bevidsthed. Yoga-afhandlinger omtaler sædvanligvis de seks lavere centre som *chakraer* (eller "hjul", fordi den koncentrerede energi i hver af dem er som et nav, der udstråler livgivende lys og energi), og sahasrara omtales separat som et syvende center. Men alle syv centre omtales tit som lotusser, hvis kronblade åbner sig eller vender sig opad i åndelig opvågning, når livet og bevidstheden bevæger sig op ad rygraden.

Der er mange religiøse stier, og mange måder hvorpå man kan nærme sig Gud; men i sidste ende leder de alle til den ene hovedvej, den åndelige himmelfart til forening med Ham. Sjælens vej til befrielse fra dens bånd til jordisk bevidsthed i kroppen er den samme for alle: gennem den samme

Det astrale legeme af livsenergi

Den videnskabelige opdagelse af den elektromagnetiske energi, der danner en organiserende skabelon for det fysiske legeme, er beskrevet i *Vibrational Medicine* (Rochester, Vermont: Bear and Company, 2001), af Richard Gerber, dr.med.: "I 1940'erne studerede neuroanatomisten Harold S. Burr ved Yale Universitet formen af energifelter" – som han kaldte "livsfelter" eller "L-felter" – "omkring levende planter og dyr. Noget af Burrs arbejde havde at gøre med formen af elektriske felter omkring salamandre. Han fandt ud af, at salamandrene havde et energifelt, som var udformet stort set som det voksne dyr. Han opdagede også, at dette felt havde en elektrisk akse i samme retning som hjernen og rygraden. Burr ville finde ud af, nøjagtigt hvornår i dyrets udvikling denne akse blev dannet. Han begyndte at kortlægge akserne i tidligere og tidligere stadier i salamanderens fosterudvikling. Burr fandt, at den elektriske akse blev dannet i det ubefrugtede æg ... Burr eksperimenterede også med elektriske felter omkring små kimplanter. Hans forskning viste, at det elektriske felt omkring en spire ikke havde den samme form som det oprindelige frø. I stedet for lignede det omgivende elektriske felt den fuldvoksne plante."

I *Blueprint for Immortality: The Electric Patterns of Life* (Essex, England: Saffron Walden 1972), beskriver professor Burr sin forskning: "De fleste mennesker, som har taget fysik i gymnasiet, ved at hvis jernspåner er spredt på et kort, som holdes henover en magnet, så arrangeres de i et mønster af 'kraftlinjer' i magnetfeltet. Og hvis spånerne bliver kasseret og nye spåner spredes over kortet, så danner disse det samme mønster som de forrige.

"Noget lignende – skønt langt mere indviklet – sker i den menneskelige krop. Dets molekyler og celler blive konstant revet fra hinanden og genopbygget med nyt materiale fra den mad, vi spiser. Men på grund af det kontrollerende L-felt genopbygges og arrangeres de nye molekyler og celler efter det samme mønster som de gamle.

"Moderne videnskab med 'mærkede' elementer har vist os, at materialerne i vores krop og hjerne fornyes langt oftere end man før vidste. Al protein i kroppen, for eksempel, 'vendes' hver sjette måned, og i nogle organer, som leveren, fornyes proteinerne meget hyppigere. Når vi træffer en ven, som vi ikke har set i seks måneder, så er der ikke én molekyle i hans ansigt, som var der, dengang vi sidst så ham. Men på grund af hans kontrollerende L-felt, er de nye molekyler faldet ind i det gamle, velkendte mønster, og vi kan genkende hans ansigt. Før moderne instrumenter viste os eksistensen af de kontrollerende L-felter, kunne biologer ikke forklare, hvordan vores legemer 'holdt sig i form' gennem deres endeløse metabolisme og udskiftning af materiale. Nu er mysteriet løst; kroppens elektrodynamiske felt tjener som et mønster eller en skabelon, der opholder 'formen' eller arrangementet af alt det materiale, som hældes ind i det, ligegyldigt hvor ofte materialet udskiftes." *(Udgiverens note)*

"jævne", banede vej i rygraden, ad hvilken sjælen nedsteg fra Ånden til kroppen og stof.[8]

Menneskets sande natur er sjælen, en stråle af Ånden. Ligesom Gud er evigt eksisterende, evigt bevidst, evigt ny Salighed, således er sjælen, som bliver indkapslet i kroppen, individualiseret evigt eksisterende, evigt bevidst, evigt ny Salighed.

Sjælens kropslige beklædning er trefoldig i sin natur. Det fysiske legeme, med hvilken mennesket så kærligt og stædigt identificerer sig, er ikke meget mere end trægt stof, en klump af jordiske mineraler og kemikalier bestående af grove atomer. Det fysiske legeme modtager al sin oplivende energi og kraft fra et indre strålende astrallegeme af livtroner. Det astrale legeme får til gengæld sin kraft fra et kausallegeme af ren bevidsthed, der består af alle de idémæssige principper, som strukturerer og opretholder de astrale og fysiske legemlige instrumenter, som sjælen anvender til at interagere med Guds skabelse.

---

[8] "Der bliver en banet vej, Den hellige Vej skal den kaldes; ingen uren færdes på den ... De genløste vandrer ad den, Herrens forløste vender hjem, de drager til Zion med jubel, med evig glæde om issen; fryd og glæde får de, sorg og suk skal fly" (Esajas' Bog 35:8-10).

De tre kroppe er bundet sammen og fungerer som én, ved sammenknytning af livskraft og bevidsthed i de syv åndelige centre i hjernen og rygraden: et fysisk kropsligt instrument, som har fået magt ved livskraften i astrallegemet og ved bevidstheden i den kausale form. Ved sit ophold i den treenige krop, påtager sjælen sig begrænsningerne af indespærringen og bliver til pseudosjælen, eller egoet.

Livskraften og bevidstheden stiger først ned i kausallegemet af bevidsthed gennem de idémæssige centre i den kausale rygrad af magnetiseret bevidsthed, og derfra ind i de forunderlige rygradscentre af lys og kraft i astrallegemet, og så nedstiger den ind i det fysiske legeme gennem hjernen og rygraden, ind i nervesystemet, organerne og sanserne og gør et menneske i stand til at erkende verden og interagere sammen med sine materielle omgivelser.

Strømmen af livskraft og bevidsthed, der flyder udad gennem rygraden og nerverne, får mennesket til kun at opfatte og værdsætte sanselige fænomener. Fordi opmærksomheden leder menneskets livsstrømme og bevidsthed, finder de mennesker, som hengiver sig til følesansen, lugtesansen, smagssansen, høresansen og synssansen, at søgelysene fra deres livskraft og bevidsthed koncentreres om stof.

Men når opmærksomheden ved hjælp af selvbeherskelse i meditation er konstant fokuseret på centret af guddommelig opfattelse i punktet mellem øjenbrynene, bliver livskraftens og bevidsthedens søgelys vendt om. De trækker sig tilbage fra sanserne og afslører det åndelige øjes lys ... Gennem dette øje af allestedsnærværelse træder den hengivne ind i rigerne af guddommelig bevidsthed.

❖ ❖ ❖

Ved den rette meditationsmetode og hengivenhed, med øjnene lukkede og koncentrerede på det åndelige øje, banker den hengivne på himmelens port. Når øjnene er fokuserede og stille, og åndedrættet og sindet er roligt, begynder et lys at forme sig i panden. Til sidst, ved dyb koncentration, bliver det åndelige øjes trefarvede lys synligt.[9] Blot at se det enkelte øje er ikke nok; det er mere vanskeligt for den hengivne at gå ind i det lys. Men

---

[9] "Øjet er legemets lys; hvis derfor dit øje er enkelt, er hele dit legeme i lys" (Matthæusevangeliet 6:22).

ved udøvelse af de højere metoder, såsom *Kriya Yoga*, ledes bevidstheden ind i det åndelige øje, ind i en anden verden af større dimensioner.

I det åndelige øjes gyldne glorie opfattes hele skabelsen som Helligåndens vibrerende lys. Kristusbevidsthedens blå lys er der, hvor englene og guddommelige repræsentanter for Guds individualiserede skabelses-, opretholdelses- og opløsningskræfter opholder sig – såvel som de mest højt udviklede helgener. Gennem det åndelige øjes hvide lys indtræder den hengivne i Kosmisk Bevidsthed; han stiger op til Gud Fader.

❖ ❖ ❖

Indiens yogier (de, som søger forening med Gud gennem formelle videnskabelige yogametoder) lægger den største vægt på at holde rygraden lige under meditation og på at koncentrere sig om punktet mellem øjenbrynene. En bøjet rygrad under meditation giver stor modstand i processen med at vende livsstrømmene til at flyde opad mod det åndelige øje. En bøjet rygrad skubber ryghvirvlerne ud af position og presser på nerverne, og fastlåser livskraften i dens vante tilstand af kropsbevidsthed og mental rastløshed.

Befolkningen i Israel ledte efter Kristus i en fysisk krop, så Johannes Døberen forsikrede dem om, at der var én, der skulle komme, i hvem Kristus var manifesteret; men han sagde også diskret til dem, at de, der i sandhed ville kende Kristus, måtte modtage ham ved at opløfte bevidstheden gennem rygraden i meditation ("Herrens vej").

Johannes betonede, at blot det at ære Jesu Kristi krop ikke var vejen til at kende ham. Kristusbevidstheden, legemliggjort i Jesus, kunne kun erkendes ved at vække de astrale centre i rygraden, himmelfartens lige vej, ved hvilken den metafysiske Kristusbevidsthed i Jesu krop kunne opfattes intuitivt.

Profeten Esajas' ord, som blev gentaget af Johannes Døberen, viser, at de begge vidste, at den subjektive Herre over den Endelige Vibrerende Skabelse, eller Kristusbevidstheden, kun kunne modtages med velkomst i ens egen bevidsthed gennem den jævne vej i rygraden, opvakt ved meditation.

Esajas, Johannes og yogierne vidste alle at for at modtage Kristusbevidstheden, skal der mere til end en simpel fysisk kontakt med en Kristuslignende person. Man må kunne meditere – man må vide, hvordan man afbryder opmærksomheden fra sansernes distraktioner, og hvordan man holder bevidstheden fæstnet på det åndelige øjes alter, hvor Kristusbevidstheden kan modtages i al sin herlighed.[10]

❖ ❖ ❖

Enhver sand religion fører til Gud, men nogle veje tager længere tid, mens andre er kortere. Ligegyldigt hvilken Gudsforordnet religion man følger, vil dens overbevisninger smelte sammen i en og samme fælles oplevelse af Gud. Yoga er den forenende vej, der følges af alle religionsudøvere, når de nærmer sig Gud. Før man kan nå til Gud, må der være "angergivenhed", der vender bevidstheden fra vildledende materielt stof til Guds indre rige. Denne tilbagetrækning drager livskraften og sindet indad og op gennem rygradens åndeliggørende centre til den guddommelige erkendelses højeste stadier. Den endelige forening med Gud og de stadier, der kommer med denne forening, er universelle. Det er yoga, videnskaben om religion. Forskellige omveje vil mødes på Guds banede vej; og denne banede vej går gennem rygraden – vejen til at overskride kropsbevidstheden og træde ind i det uendelige guddommelige rige.

❖ ❖ ❖

Åndelig sandhed og visdom findes ikke i nogen ord fra en præst eller prædikant, men i "ørkenen" af indre stilhed. I de hellige skrifter på sanskrit står der: "Der er mange vise med deres fortolkninger af skrifterne og åndelighed, som tilsyneladende modsiger hinanden, men religionens rigtige hemmelighed er skjult i en hule." Sand religion findes i en selv, i stilhedens hule, i den rolige intuitive visdoms hule, i det åndelige øjes hule. Ved at koncentrere sig om punktet mellem øjenbrynene og dykke dybt ned i stilheden i det lysende åndelige øje, kan man finde svar på alle hjertets religiøse spørgsmål. "Trøsteren, Helligånden ... skal lære jer alle ting" (Johannesevangeliet 14:26).

---

[10] Hvilken himmelsk stjerne der end måtte have tilkendegivet Jesu fødsel for de Vise Mænd, så var det en "stjerne i øst" af større magt, ved hvilken de kendte til Jesu Kristi komme til jorden: det altafslørende lys fra sjælens intuitive guddommelige opfattelses åndelige øje, som befinder sig i legemets "øst" – i det subtile åndelige center af Kristusbevidsthed i panden, imellem de to fysiske øjne.

Yoga skænker den sande dåb i Ånden

Vejen til himmelfart blev åbenbaret i Jesu dåb. Som skrevet i evangeliet ifølge Sankt Matthæus:

Men da Jesus var blevet døbt, steg han straks op af vandet, og se, Himlene åbnedes, og han så Guds Ånd dale ned som en due og komme over ham. Og se, der lød en røst fra Himlene, som sagde: "Denne er Min Søn, den elskede; i ham har Jeg velbehag." (Matthæusevangeliet 3:16-17).

Når man er døbt ved nedsænkning i Åndens lys, kan det mikrokosmiske åndelige øje i legemet ses i dets forhold til lyset fra den nedadstigende Ånd som den Kosmiske Treenighed. Ved Jesu dåb er dette beskrevet metaforisk som "Ånden dalede ned som en due og kom over ham". Duen symboliserer det åndelige øje, set af dybt mediterende hengivne i centret for Kristusbevidstheden i panden mellem de to fysiske øjne.

Dette øje af lys og bevidsthed ses som en gylden aura (Helligåndsvibrationen) omgivende en opalblå kugle (Kristusbevidstheden), i hvis midte der er en femtakket stjerne af strålende hvidt lys (indgangen til Åndens Kosmiske Bevidsthed).

Guds trefoldige lys i det åndelige øje symboliseres af en due, fordi det bringer evig fred. Når man ser ind i det åndelige øje, frembringes også i menneskets bevidsthed den renhed, som symboliseres af duen.

Denne symbolske dues mund repræsenterer stjernen i det åndelige øje, den hemmelige passage til Kosmisk Bevidsthed. Duens to vinger repræsenterer de to sfærer af bevidsthed, som udgår fra Kosmisk Bevidsthed: Det blå lys i det åndelige øje er et mikrokosmos af den subjektive Kristusintelligens i hele skabelsen; og den gyldne ring af lys i det åndelige øje er den mikrokosmiske, objektive kosmiske energi, Kosmisk Vibration eller Helligånden.

❖ ❖ ❖

Ved Åndens dåb i Helligånden som oplevet af Jesus, så han lyset fra det åndelige øje, som nedsteg fra det makrokosmiske Guddommelige Lys; og derfra kom lyden af *Aum*, den intelligente, altskabende himmelske lyd, der vibrerede som en forståelig stemme:

"Du er Min Søn, som har løftet din bevidsthed fra legemets begrænsning og alt stof for at erkende dig selv som ét med Min fuldkomne afspejling, Mit enbårne billede, iboende i al manifestation. Jeg er Salighed, og Jeg udtrykker Min fryd i din glædes samklang med Min Allestedsnærværelse."

Jesus følte sin bevidsthed i samklang med Kristusbevidstheden, det "enbårne" billede af Gud Faders Intelligens i den Hellige Vibration: han følte først sin krop som hele den vibrerende skabelse, i hvilken hans lille legeme var indbefattet; så oplevede han inden i sit kosmiske legeme af al skabelse sin enhed med Guds iboende Tilstedeværelse som den Uendelige Kristus eller Universelle Intelligens, en magnetisk aura af salig Guddommelig Kærlighed, i hvilken Guds nærvær holder alle skabninger.

❖ ❖ ❖

I den dybeste meditation, udøvet af dem, der er højt udviklede i *Kriya Yoga* teknikken, oplever den hengivne ikke blot udvidelse i *Aum* vibrationen, "Røsten fra Himlene", men er i stand til også at følge Åndens mikrokosmiske lys i rygradens "jævne vej" ind i lyset af det åndelige øjes "due, som daler ned fra Himmelen" ...

Med sine to fysiske øjne kan man kun se sin krop og en lille del af jorden ad gangen. Men åndelig dåb eller indvielse modtaget fra en sand guru udvider bevidstheden. Enhver, som, ligesom Jesus, kan se den åndelige due stige ned til sig – det vil sige, som kan skue sit åndelige øje af allestedsnærværende alvidenhed – og gennem udholdenhed i stadig dybere meditation kan gennemtrænge lyset med sit syn, opfatter hele kongeriget af Kosmisk Energi og Guds bevidsthed, som eksisterer deri og hinsides, i Åndens Uendelige Fryd.[11]

---

[11] I *En yogis selvbiografi* skrev Paramahansa Yogananda: "Verdensillusionen, *maya*, manifesterer sig i mennesker som *avidya*, direkte oversat "ikke-viden", uvidenhed, vildfarelse. Maya eller *avidya* kan aldrig tilintetgøres ved intellektuel overbevisning eller analyse, men udelukkende ved opnåelse af den indre tilstand *nirbikalpa samadhi*. Det Gamle Testamentes profeter såvel som seere fra alle lande og tider talte fra den bevidsthedstilstand.

"Ezekiel sagde: 'Derpå førte han mig hen til Østporten. Og se, Israels Guds herlighed kom østerfra, og det lød som mange vandes brus, og jorden lyste af hans herlighed.' Gennem det guddommelige øje i panden (øst) leder yogien sin bevidsthed ind i allestedsnærværelsen, hvor han hører Ordet eller *Aum*, de 'mange vandes' guddommelige lyd: de lysvibrationer, der udgør skabelsens eneste virkelighed."

DEL II

"DEN ENESTE VEJ" ELLER UNIVERSALITET?

Jesu lære om "født nå ny", at komme i himmelen og "tro på hans navn"

Kristus som 33-årig
"Jer er det givet at kende Himmerigets hemmeligheder ..."

KAPITEL 4

Den "anden fødsel": at vække sjælens intuition

Den skjulte sandhed i Jesu lignelser

> *Da kom disciplene hen og spurgte ham: "Hvorfor taler du til dem i lignelser?" Han svarede og sagde til dem: "Jer er det givet at kende Himmerigets hemmeligheder; men dem er det ikke givet. Derfor taler jeg til dem i lignelser, fordi de ser og dog ingenting ser, og hører og dog ingenting hører eller forstår." (Matthæusevangeliet 13:10, 11, 13).*

Da Jesus blev spurgt af sine disciple, hvorfor han belærte folket ved de indirekte illustrationer i form af lignelser, svarede han: "Fordi det er således givet, at I, der er mine rigtige disciple, som lever et åndeligt liv og disciplinerer jeres handlinger i overensstemmelse med min lære, fortjener i kraft af jeres indre opvågning i jeres meditationer at forstå sandheden om himlens skjulte mysterier, og hvordan man når til Guds rige, den Kosmiske Bevidsthed, som er skjult bag den vibrerende skabelse af kosmisk illusion.

"Men almindelige mennesker, som er uforberedt i deres modtagelighed, er ikke i stand til hverken at forstå eller at udøve de dybere visdoms-sandheder. Fra lignelser opfatter de, alt efter deres forståelse, de enklere sandheder fra den visdom som jeg sender ud til dem. Ved praktisk anvendelse af det, som de er i stand til at modtage, gør de en vis fremgang mod frelse." ...

Hvordan opfatter de modtagelige sandheden, når de uimodtagelige "ser og dog ingenting ser, og hører og dog ingenting hører eller forstår"? De endelige sandheder om himmelen og Guds rige, den virkelighed, som ligger bag sansernes opfattelse og udover det rationaliserende sinds tankevirksomhed, kan kun forstås ved intuition – ved at vække sjælens intuitive viden og rene opfattelse.

❖ ❖ ❖

Der var blandt farisæerne en mand, som hed Nikodemus, en af jødernes rådsherrer. Han kom til Jesus om natten og sagde til ham: "Rabbi! vi ved, at du er en lærer, som er kommen fra Gud; thi ingen kan gøre de tegn, som du gør, uden Gud er med ham."

Jesus svarede og sagde til ham: "Sandelig, sandelig siger jeg dig: ingen kan se Guds rige, hvis han ikke bliver født på ny."

Nikodemus siger til ham: "Hvorledes kan et menneske fødes, når det er gammelt? Det kan da ikke for anden gang komme ind i sin moders liv og fødes?"

Jesus svarede: "Sandelig, sandelig siger jeg dig: ingen kan komme ind i Guds rige, hvis han ikke bliver født af vand og Ånd. Hvad der er født af kødet, er kød; og hvad der er født af Ånden, er Ånd. Du må ikke undre dig over, at jeg sagde til dig: I må fødes på ny. Vinden blæser, hvorhen den vil, og du hører dens susen, med du ved ikke, hvorfra den kommer, og hvor den farer hen; sådan er det med enhver, som er født af Ånden." (Johannesevangeliet 3:1-8).

Nikodemus besøgte Jesus i hemmelighed om natten, fordi han frygtede social kritik. Det var modigt gjort af en mand i hans stilling at gå til den kontroversielle lærer og erklære sin tro på Jesu guddommelige status. Han bekræftede ærbødigt sin overbevisning om, at kun en mester, som havde virkelig fællesskab med Gud, kunne beherske de overordnede love, som styrer det indre liv i alle væsener og alle ting.

Som svar henledte Kristus direkte Nikodemus' opmærksomhed på den himmelske kilde til alle skabelsens fænomener – verdslige såvel som "mirakuløse" – og udpegede koncist at enhver kan komme i kontakt med denne Kilde, og kende de undere, der udgår derfra, ligesom Jesus selv gjorde, ved at undergå den åndelige "anden fødsel" i form af intuitiv sjælsopvågning.

Den "anden fødsel": at vække sjælens intuition 47

De overfladisk nysgerrige mængder, tiltrukket ved synet af fænomenale kræfter, modtog kun lidt fra Jesu visdomsskat, men Nikodemus' åbenbare oprigtighed derimod fremkaldte fra Mesteren en specifik vejledning, som understregede den Højeste Kraft og det Højeste Mål, som mennesket bør koncentrere sig om. Visdomsmirakler, som oplyser sindet, er højere end mirakler med fysisk helbredelse og kontrol over naturen; og det endnu større mirakel er helbredelse af hovedårsagen til enhver form for lidelse: vildledende uvidenhed, som skjuler enheden af menneskets sjæl med Gud. Denne oprindelige glemsomhed kan kun besejres ved Selverkendelse, gennem den intuitive kraft ved hvilken sjælen direkte forstår sin egen natur som individualiseret Ånd og opfatter Ånd som essensen af alting.

Alle ægte åbenbarede verdensreligioner er grundet på intuitiv viden. Hver har en eksoterisk eller ydre særegenhed og en esoterisk eller indre kerne. Det eksoteriske aspekt er det offentlige billede, og det indeholder moralske forskrifter og en samling doktriner, dogmer, afhandlinger, regler og skikke, som vejleder den almene gruppe af dets følgere. Det esoteriske aspekt omfatter metoder, som fokuserer på selve sjælens samvær med Gud. Det eksoteriske aspekt er for de mange; det esoteriske aspekt er for de passionerede få. Det er det esoteriske aspekt af religion, som fører til intuition, førstehåndsviden om Virkeligheden.

Den ophøjede *Sanatana Dharma* i den vediske filosofi fra det gamle Indien – opsummeret i Upanishaderne og i de seks klassiske systemer af metafysisk viden, og magesløst sammenfattet i Bhagavad Gitaen – er baseret på intuitiv opfattelse af den Transcendentale Virkelighed. Buddhismen, med dens forskellige metoder til at kontrollere sindet og finde dybde i meditation, lægger eftertryk på intuitiv viden for at opnå *nirvanas* transcendens. Sufismen i Islam hviler på sjælens intuitive mystiske oplevelse.[1] Inden for den jødiske religion findes esoteriske lærdomme baseret på indre oplevelser af det Guddommelige, vist i rigt mål i arven fra de Guddommeligt oplyste bibelske profeter. Kristi lære giver fuldt udtryk for denne erkendelse.

---

[1] Se Paramahansa Yoganandas *Wine of the Mystic: The Rubaiyat of Omar Khayyam—A Spiritual Interpretation* (udgivet af Self-Realization Fellowship).

Apostlen Johannes' Åbenbaring er en bemærkelsesværdig afsløring af sjælens intuitive opfattelse af de dybeste sandheder, klædt i metaforer.

❖ ❖ ❖

Den "anden fødsel", om hvis nødvendighed Jesus taler, giver os adgang til det land, hvor vi intuitivt kan opfatte sandheden. Det Nye Testamente er måske ikke nedskrevet med ordet "intuition", men det har en overflod af hentydninger til intuitiv viden. De enogtyve vers, som beskriver Nikodemus' besøg, præsenterer i kortfattede epigrammatiske vendinger, der er så typiske for orientalske hellige skrifter, Jesu omfattende esoteriske lære om den praktiske opnåelse af det uendelige rige af salig guddommelig bevidsthed.

Disse vers er oftest fortolket som grundlag for doktriner såsom legemets dåb med vand som en forudsætning for at nå Guds rige efter døden (Johannesevangeliet 3:5); at Jesus er den eneste "Guds søn" (Johannesevangeliet 3:16); at det er tilstrækkeligt at "tro" på Jesus for at blive frelst, og at alle, som ikke tror, er fordømte (Johannesevangeliet 3:17-18).

En sådan eksoterisk læsning af skrifterne indhyller religionens universalitet i dogmer. Et panorama af enhed udfolder sig i en forståelse af den esoteriske sandhed.

❖ ❖ ❖

"Ingen kan se Guds rige, hvis han ikke bliver født på ny."

Jesu valg af ord er en hentydning til hans kendskab til Østens åndelige doktrin om reinkarnation. En af de betydninger, der kan drages af denne forskrift, er, at sjælen skal fødes gentagne gange i forskellige legemer, før den igen vågner til erkendelse af sin oprindelige fuldkommenhed. Det er et falsk håb at tro, at sjælen ved legemets død automatisk indtræder i en evig engletilværelse i himmelen. Medmindre man opnår fuldkommenhed ved at fjerne resterne af karma (resultaterne af ens gerninger) fra sjælens individualiserede billede af Gud, kan man ikke komme ind i Guds rige.[2] Det almindelige menneske, der hele tiden skaber ny karmisk trældom ved sine

---

[2] "Så vær da I fuldkomne, som jeres himmelske Fader er fuldkommen" (Matthæusevangeliet 5:48).

Den "anden fødsel": at vække sjælens intuition 49

forkerte gerninger og materielle begær, som tilføjer til de akkumulerede resultater af mangfoldige tidligere inkarnationer, kan ikke befri sin sjæl i ét liv. Det kræver mange livstider med fysisk, mental og åndelig udvikling for at overkomme alle karmiske forviklinger, som blokerer sjælens intuition, den rene viden, uden hvilken man ikke kan "se Guds rige".

Den vigtigste betydning af Jesu ord til Nikodemus går videre end en underforstået henvisning til reinkarnation. Det er klart fra Nikodemus' ønske om yderlige forklaring på, hvordan en *voksen* kunne nå Guds rige: Må man gå tilbage i sin moders skød og genfødes? Jesus forklarer i de følgende vers, hvordan et menneske kan blive "født på ny" i sin nuværende inkarnation – hvordan en sjæl, som er identificeret med kødet og sansernes begrænsninger kan opnå en ny fødsel i Kosmisk Bevidsthed ved meditation.

❖ ❖ ❖

"Ingen kan komme ind i Guds rige, hvis han ikke bliver født af vand og Ånd."

At blive "født af vand" er sædvanligvis fortolket som et mandat til det ydre ritual med dåb med vand – en symbolsk genfødsel – for at være berettiget til Guds rige efter døden. Men Jesus nævnte ikke en *genfødsel*, der involverer vand. Her betyder "vand" protoplasma; legemet består mest af vand og begynder sin jordiske eksistens i fostervandet i moderens skød. Skønt sjælen må gennemgå den naturlige fødselsproces, som Gud har etableret gennem Sine biologiske love, er fysisk fødsel ikke nok til at et menneske kan se eller komme ind i Guds rige.

Den almindelige bevidsthed er bundet til kødet, og gennem de to fysiske øjne kan mennesket kun se ind i denne jords diminutive legehus og dets omkransende stjernehimmel. Gennem de fem sansers små ydre vinduer opfatter de kropsbetingede sjæle intet af vidunderne hinsides det begrænsede stof.

En person, der befinder sig højt oppe i en flyvemaskine, ser ingen begrænsninger, kun det endeløse rum og den frie himmel. Men hvis man er lukket inde i et værelse, omgivet af vægge uden vinduer, mister man synet af storheden.

Når ens sjæl er sendt ud af Åndens uendelighed og ind i et dødeligt legeme, som er indskrænket af sanserne, er ens ydre oplevelser på samme måde bundet til stoffets begrænsninger. Jesus hentydede således til en kendsgerning, som er udtrykt af moderne videnskabsfolk, nemlig at vi kun kan se og vide så meget, som sansernes og tankens midler tillader.

Ligesom man med et teleskop på 50 mm ikke kan se detaljerne i de fjerne stjerner, så siger Jesus, at man ikke kan se eller vide noget om Guds himmelske rige med sindets og sansernes uforstærkede kraft. Derimod tillader et teleskop på 5 meter mennesket at se ind i det stjernebefolkede rums umådelige afstande; og ved ligeledes at udvikle intuitionens sans gennem meditation, kan man se og indtræde i Guds kausale og astrale rige – fødestedet for tanker, stjerner og sjæle.

Jesus udpeger, at efter et menneskes sjæl er inkarneret – født af vand eller protoplasma – skal man overskride kroppens jordiske byrde ved selvudvikling. Ved at vække den "sjette sans", intuition, og åbne det åndelige øje, kan ens oplyste bevidsthed indtræde i Guds rige. I denne anden fødsel forbliver legemet det samme; men i stedet for at være bundet til det materielle plan, er sjælens bevidsthed fri til at vandre i Åndens grænseløse, evigt glædelige rige.

Gud havde til hensigt, at Hans menneskebørn skulle leve på jorden med en vækket opfattelse af den Ånd, der ligger til grund for al skabelse, og derfor nyde Hans drømmedrama som kosmisk underholdning. Som den eneste blandt levende skabninger er den menneskelige krop, som en enestående Guds skabning, udstyret med instrumenter og evner nødvendige for fuldt ud at udtrykke sjælens guddommelige potentialer. Men gennem Satans vildfarelse ignorerer mennesket sine højere egenskaber og forbliver knyttet til den begrænsede kødelige form og dens dødelighed.

Som individualiserede sjæle udfolder Ånden gradvist Sin videnskraft gennem de følgende udviklingsstadier: som ubevidst reaktion i mineraler, som følelse i planteliv, som instinktiv sansende viden i dyr, som intellekt, fornuft og uudviklet introspektiv intuition i mennesket og som ren intuition i overmennesket.

Det siges at efter otte millioner liv, hvor den skridt for skridt bevæger sig opad i udviklingen som en fortabt søn gennem inkarnationernes cyklus,

Den "anden fødsel": at vække sjælens intuition

ankommer sjælen til sidst til en menneskelig fødsel. Oprindeligt var mennesker rene sønner af Gud. Ingen kender den guddommelige bevidsthed, som Adam og Eva oplevede, undtagen helgenerne. Lige siden syndefaldet – menneskets misbrug af sin selvstændighed – har man mistet denne bevidsthed ved at sidestille sig selv med det kødelige ego og dets jordiske begær. Det er ikke helt ualmindeligt, at mennesker mere ligner instinktmotiverede dyr end intellektuelt reagerende mennesker. Disse er så materielle i sindet, at når man taler om mad eller sex eller penge, så forstår og reagerer de refleksmæssigt, ligesom Pavlovs berømte savlende hund. Men hvis man forsøger at engagere dem i en meningsfuld filosofisk udveksling om Gud eller livets mysterium, reagerer de uforstående, som om deres samtalepartner var forrykt.

Det åndelige menneske prøver at frigøre sig fra den materialisme, som er årsagen til hans fortabte vandring igennem inkarnationernes labyrint, men det almindelige menneske ønsker ikke mere end en forbedring af sin jordiske eksistens. Ligesom instinktet holder et dyr indenfor fastlagte grænser, så begrænser fornuften det menneske, som ikke prøver at blive til et overmenneske ved at udvikle sin intuition. Den, der kun tilbeder fornuft og som ikke er bevidst om intuitionens magt – ved hvilken han kan kende sig selv som en sjæl – forbliver ikke meget mere end et rationelt dyr, der ikke er i berøring med den åndelig arv, som er hans fødselsret.

Et legeme født af kødet har kødets begrænsninger, hvorimod sjælen, som er født af Ånden, har potentielt ubegrænsede kræfter. Ved meditation overføres menneskets bevidsthed fra legemet til sjælen, og ved sjælens intuitive kraft oplever man sig selv, ikke som et jordisk legeme (et fænomen af objektiv natur), men som den udødelige iboende bevidsthed, ét med den tilgrundliggende Guddommelige Essens.

Mennesket er stadig fast overbevist om, at det i bund og grund er et legeme, selvom det dagligt får beviser for det modsatte. Hver nat i søvnen, "den lille død", opgiver man sin identifikation med den fysiske form og genfødes som usynlig bevidsthed. Hvordan kan det være, at mennesket er tvunget til at sove? Fordi søvnen er en påmindelse om hvad der er hinsides søvntilstanden – sjælens tilstand. Den jordiske eksistens ville ikke kunne udholdes uden i det mindste at have underbevidst kontakt med sjælen, hvilket sker i søvne.

Om natten efterlader man kroppen i underbevidstheden og bliver til en engel; om dagen bliver man igen en djævel, adskilt fra Ånden af kroppens begær og følelser. Ved *Kriya Yoga* meditation kan man være en gud om dagen, ligesom Kristus og de Store Mestre. Man går hinsides underbevidstheden til overbevidstheden og opløser kroppens bevidsthed i Guds ekstase. Den, der kan gøre det, er født på ny.

❖ ❖ ❖

Denne jord er et levested med trængsler og lidelse, men Guds rige, som er bag dette materielle plan, er et hjem med frihed og salighed. Det opvågnende menneskes sjæl har rejst ad en hårdt tilkæmpet vej – mange inkarnationer af opadgående udvikling – for at komme til den menneskelige tilstand og til muligheden for af genvinde sin tabte guddommelighed. Men hvor mange menneskefødsler er ikke blevet spildt på at være optaget af mad og penge og tilfredsstillelse af kroppen og egoistiske følelser! Enhver burde spørge sig selv om, hvordan han bruger de kostbare øjeblikke i denne nuværende fødsel. Til sidst falder alle menneskers kroppe smertefuldt fra hinanden; er det ikke bedre at adskille sjælen fra kropsbevidstheden – at betragte kroppen som Åndens tempel? O Sjæl, du er ikke kroppen; hvorfor ikke altid huske, at du er Guds Ånd?[3]

Jesus sagde, at vi skal genoprette vores forbindelse med Evigheden; vi må fødes på ny. Mennesker må enten følge reinkarnationernes omveje for at afvikle deres karma eller – ved en teknik som *Kriya Yoga* og en sand gurus hjælp – vække den guddommelige intuitionsevne og kende sig selv som en sjæl, det vil sige blive født på ny i Ånden. Ved hjælp af sidstnævnte metode kan man se og træde ind i Guds rige i dette liv.

Før eller siden, efter nogle få eller mange smertefulde inkarnationer, vil sjælen i ethvert menneske skrige for at minde ham om, at hans hjem ikke er

---

[3] "Ved I ikke, at I er Guds tempel, og Guds Ånd bor i jer?" (Paulus' Første Brev til Korintherne 3:16).

Den *"anden fødsel"*: at vække sjælens intuition

her, og han begynder for alvor at vende tilbage til sit retmæssige himmelske rige. Når man virkelig ønsker at kende Sandheden, sender Gud en mester, gennem hvis hengivenhed og erkendelse Han planter Sin kærlighed i denne persons hjerte.

Den menneskelige fødsel gives af ens forældre; men den åndelige fødsel gives af den Gudsforordnede guru. I den vediske tradition fra det gamle Indien blev et nyfødt barn kaldt *kayastha*, som betyder "identificeret med legemet". De to fysiske øjne, som ser ind i det tillokkende stof, er en arv fra de fysiske forældre; men ved indvielsen, den åndelige dåb, åbnes det åndelige øje af guruen. Ved guruens hjælp lærer den indviede at bruge dette teleskopiske øje til at se Ånden, og bliver så *dwija*, "født to gange" – den samme metafysiske terminologi brugt af Jesus – og begynder at gøre fremskridt til det stadium hvor han bliver en *Brahmin*, en, som kender Brahman eller Ånden.

Den materiebundne sjæl, løftet ind i Ånden ved kontakt med Gud, fødes for anden gang i Ånden. Ak, selv i Indien er denne indvielse fra kropsbevidsthed til åndelig bevidsthed blot blevet til en formalitet, en kasteceremoni, udført for unge Brahmin-drenge af almindelige præster – svarende til vanddåbens symbolske ritual. Men Jesus, ligesom de store hindumestre fra fordums og moderne tid, gav den virkelige dåb i Ånden – "med Helligånd og ild". En sand guru er en, der kan forandre disciplens hjerneceller ved den åndelige strøm, som flyder fra Gud igennem hans oplyste bevidsthed. Alle, som er på bølgelængde, føler den forandring – de, som mediterer oprigtigt og dybt og som ved udøvelsen af *Kriya Yoga* lærer at sende den guddommelige strøm ind i hjernecellerne. Sjælen er bundet til legemet af karmaens bånd, der er vævet af mange livs begær, opførsel og vaner. Kun livsstrømmen kan ændre ens liv ved at ødelægge disse millioner af karmiske spor. Så bliver man født på ny; sjælen åbner det indre vindue af enhed med Ånden og indtræder i opfattelsen af Guds forunderlige allestedsnærværelse.

Så udtrykket "født på ny" betyder meget mere end blot at tilslutte sig en kirke og modtage en ceremoniel dåb. Tro i sig selv giver ikke sjælen en evig plads i himmelen efter døden; det er nødvendigt at have samvær med Gud nu. Mennesker bliver til engle på jorden, ikke i himmelen. Når man dør, skal man starte forfra i en ny inkarnation, uanset hvor man er stoppet i sin udvikling. Efter søvnen er man den samme som før søvnen; efter døden er man den samme som før døden.

Det er derfor, at Kristus og Mestrene siger, at det er nødvendigt at blive from før dødens søvn. Det kan ikke gøres ved at fylde sindet med jordiske tilknytninger og nytteløse adspredelser. Den, der er optaget af at samle skatte på jorden, har ikke travlt med Gud; den, der er optaget af Gud, ønsker ikke meget fyld i sit liv. Det er ved at frigøre sig fra jordiske begær, at man får adgang til Guds rige. Herren venter tålmodigt på hundrede procent af menneskets hengivenhed; for dem, som flittigt søger Ham hver dag, og som følger Hans bud ved from opførsel, åbner Han døren til Sit nærværs rige.

Et væld af foredrag om solskin og naturskønheder vil ikke sætte mig i stand til at se dem, hvis mine øjne er lukkede. På samme måde kan folk ikke se Gud, som er allestedsnærværende i alting, medmindre de åbner deres åndelige øjes intuitive opfattelse. Når man kan se, at man ikke er det jordiske legeme, men en gnist af den Uendelige Ånd klædt i en koncentration af livsenergi, så kan man se Guds rige. Man vil indse, at ens krop og universet ikke består af sjælsbindende stof, men af udstrakt, uforgængelig energi og bevidsthed. Videnskaben har bevist denne sandhed; og enhver kan opleve den. Gennem *Kriya Yoga* kan man få en urokkelig erkendelse af, at man er Åndens store Lys og Bevidsthed.

O menneske, hvor længe vil du forblive et rationelt dyr? Hvor længe vil du nytteløst prøve på at se ind i skabelsens endeløse vidder med kun dine sansers og fornufts nærsynede øjne? Hvor længe vil du vedblive at være bundet til at tilfredsstille det dyriske menneskes krav? Afkast alle snærende lænker; kend dig selv som en udødelig med endeløse kræfter og evner. Slut med denne ældgamle drøm om det rationelle dyr! Vågn op! Du er udødelighedens intuitive barn!

KAPITEL 5

"At ophøje Menneskesønnen" til Guddommelig Bevidsthed

Nikodemus svarede og sagde til ham: "Hvordan kan dette ske?"

Jesus svarede og sagde til ham: "Er du lærer i Israel og forstår ikke dette? Sandelig, sandelig siger jeg dig: vi taler om det, vi ved, og vidner om det, vi har set; og I tager ikke imod vort vidnesbyrd. Hvis I ikke tror, når jeg taler til jer om de jordiske ting, hvordan skulle I da kunne tro, når jeg taler til jer om de himmelske?

"Ingen er steget op til Himmelen, undtagen han, som steg ned fra Himmelen, Menneskesønnen, som er i Himmelen. Og ligesom Moses ophøjede slangen i ørkenen, sådan må Menneskesønnen ophøjes, for at enhver, som tror, ikke skulle fortabes, men skal have evigt liv i ham." (Johannesevangeliet 3:9-15).

Da Jesus talte til Nikodemus, bemærkede han, at det at have det ceremonielle embede som mester af Israels hus ikke garanterede en forståelse af livets mysterier. Personer tildeles ofte religiøse titler på grund af intellektuelt kendskab til skrifterne; men en fuld forståelse af sandhedens esoteriske dybder kan kun opnås ved intuitiv erfaring.

"Vi taler om det, vi ved" er viden, som er dybere end den information, som er opnået gennem sanseafhængigt intellekt og fornuft. Fordi sanserne er begrænsede, er intellektuel forståelse også begrænset. Sanserne og sindet er de ydre døre, igennem hvilke kundskab trænger ind i bevidstheden. Menneskelig viden filtreres ind gennem sanserne og fortolkes af sindet. Hvis sanserne fejler i opfattelsen, er den konklusion, der drages af forståelsen af disse data, også ukorrekt.

Et hvidt gennemsigtigt klæde, som flagrer langt væk, kan se ud som et spøgelse, og en overtroisk person tror, at det er et spøgelse; men nærmere undersøgelse viser, at den slutning er forkert. Sanserne og forstanden kan nemt bedrages, fordi de ikke kan fatte den sande natur, den essentielle karakter og substans af de skabte ting.

Jesus havde med sin intuition fuld erkendelse af noumenonet, som understøtter universets virke og dets mangfoldighed af liv, og derfor sagde han autoritativt: *"Vi ved."*

Jesus var i harmoni med manifestationens store plan bag hele rummet, bag det jordiske syn. Til stridslystne sind kunne han ikke tale åbent om sine allestedsnærværende opfattelser – selv de sandheder, han talte om, førte til korsfæstelse! Han sagde til Nikodemus: "Hvis jeg fortæller dig om det, der vedrører menneskelige sjæle, som er synligt til stede på jorden, og hvordan de kan komme ind i Guds rige, og du ikke tror på det, hvordan kan du så tro mig, hvis jeg fortæller dig om, hvad der sker i de himmelske riger, som er fuldstændig skjulte for det almindelige menneskelige blik?"

Skønt Jesus med imødekommende tålmodighed var skuffet over, at Nikodemus tvivlede på Kristustilstandens intuitive åbenbaringer, fortsatte han med at fortælle sin gæst, hvordan han – og enhver anden sandhedssøgende – selv kunne opleve disse sandheder.

Så mange tvivler på himmelens eksistens, fordi de ikke kan se den. Dog tvivler de ikke på brisen, blot fordi den er uset. Den kendes ved sin lyd og følelsen på huden og bevægelsen i bladene og andre ting. Hele universet lever, bevæger sig, ånder på grund af Guds usynlige tilstedeværelse i de himmelske kræfter bag stoffet.

Engang gav en mand nogle oliven til en anden person, som aldrig havde set oliven, og sagde: "Der er en masse olie i dem." Personen skar frugten over, men kunne ikke se nogen olie – før hans ven viste ham, hvordan man skal presse olivenerne for at udvinde olien fra frugtkødet. Sådan er det med Gud. Alt i universet er fyldt med Hans tilstedeværelse – de funklende stjerner, rosen, fuglesangen, vores sind. Hans Væsen gennemstrømmer alting, overalt. Men man må metaforisk talt "presse" Gud ud af Hans materielle skjul.

Indre koncentration er vejen til at erkende den fine, frodige himmel bag dette grove univers. Afsondrethed er prisen for dygtighed og kontakt med Gud. Alle, som er villige til at snuppe tid fra den grådige materielle verden for i stedet at hellige sig den guddommelige søgen, kan lære at skue

"At ophøje Menneskesønnen" til Guddommelig Bevidsthed

den forunderlige fabrik, hvorfra alle ting er født. Fra de himmelske kausale og astrale sfærer er enhver fysisk inkarneret sjæl nedsteget, og enhver sjæl kan genopstige ved at trække sig tilbage til den indre stilheds "ørken", og ved at udøve den videnskabelige metode til at opløfte livskraften og bevidstheden fra identifikation med kroppen til forening med Gud.

❖ ❖ ❖

"Ingen er steget op til Himmelen, undtagen han, som steg ned fra Himmelen, Menneskesønnen, som er i Himmelen. Og ligesom Moses ophøjede slangen i ørkenen, sådan må Menneskesønnen ophøjes" (Johannesevangeliet 3:13-14).

Dette skriftsted er meget vigtigt, men kun lidt forstået. Taget bogstaveligt, er ordene "ophøjede slangen" i bedste fald en klassisk bibelsk tvetydighed. Ethvert symbol har en skjult mening, som skal fortolkes rigtigt.

Ordet "slange" henviser her metaforisk til menneskets bevidsthed og livskraft i den fine, snoede passage i den nederste del af rygraden, hvis materielle strømning skal vendes, for at mennesket igen kan stige op fra kropslig tilknytning til overbevidst frihed.

Som sjæle var vi alle oprindeligt i Guds favn. Ånden udsender ønsket om at skabe et individualiseret udtryk af Sig Selv. Sjælen manifesteres og udsender idéen om legemet i kausal form. Idéen bliver til energi eller det livtroniske astrale legeme. Det astrale legeme kondenseres til det fysiske legeme. Gennem den integrerede rygradspassage i disse tre instrumentelle medier stiger sjælen ned til identifikation med den materielle krop og groft materielt stof.

"Han, som steg ned fra Himmelen" betyder det fysiske legeme. (Jesus taler om den menneskelige krop som "mennesket"; hele vejen igennem evangelierne talte han om sit eget fysiske legeme som "Menneskesønnen" til forskel fra sin Kristusbevidsthed, "Guds Søn"). Mennesket stiger ned fra de himmelske egne af Guds skabelse, når hans sjæl, klædt i sit kausallegeme af stivnede idéer fra Gud og sit astrallegeme af lys, påtager sig et ydre dække af stofligt væv. Så ikke alene Jesus, men alle Guds børn er "steget ned fra Himmelen".

❖ ❖ ❖

Ingen menneskekroppe er steget op i himmelen, hvis æteriske essens ikke kan rumme legemlige former; men alle sjæle kan og vil træde ind i de himmelske riger, når de ved døden eller ved åndelig transcendens afkaster den fysiske bevidsthed og kender sig selv som englevæsener klædt i tanke og lys.

Vi er alle skabt i Guds billede, væsener af udødelig bevidsthed, klædt i gennemsigtigt himmelsk lys – en arv begravet under klumpet kød. Vi kan kun anerkende den arv ved meditation. Der er ingen anden måde – ikke ved at læse bøger, ikke ved filosofiske studier, men ved hengivenhed og vedvarende bøn og videnskabelig meditation, som løfter bevidstheden op til Gud.

❖ ❖ ❖

Jesus omtalte en enestående sandhed, da han nævnte "Menneskesønnen, som er i Himmelen". Almindelige sjæle ser kun deres legemer ("Menneskesønnen") bevæge sig rundt på jorden, men frie sjæle som Jesus bebor samtidig det fysiske og de astrale og kausale himmelske riger ...

Så Jesu ord er meget enkle og meget vidunderlige: Selv mens han befandt sig i et legeme i den fysiske verden, så han sig selv som en Guds stråle, der steg ned fra himmelen. Han demonstrerede dette endegyldigt efter sin død ved at genskabe sit fysiske legeme med stråler af kosmisk skabende lys og senere dematerialisere det i sine disciples nærvær, da han steg op til himmelen igen ...

Mens Jesus i sin Gudsforordnede inkarnation var effektivt engageret i sin Himmelske Faders arbejde i verden, kunne han i sandhed erklære: "Jeg er i himmelen." Dette er den højeste ekstase i Gudsbevidsthed, defineret af yogier som *nirvikalpa samadhi*, en ekstatisk tilstand "uden forskel" mellem den ydre bevidsthed og den indre Gudsforening. I *savikalpa samadhi*, "med forskel", en mindre ophøjet tilstand, er man sig ikke bevidst om den ydre verden; legemet indtræder i en ubevægelig trance, mens bevidstheden er fordybet i indre bevidst enhed med Gud. De mest højt udviklede mestre kan være fuldt bevidst om Gud og ikke vise nogen tegn på, at kroppen er ubevægelig; den hengivne drikker Gud og er samtidig bevidst og fuldt aktiv i sine ydre omgivelser – hvis han vælger det.

Denne erklæring fra Jesus giver stor opmuntring til alle sjæle: Selvom vi er plaget af de forvirringer, der følger med opholdet i en fysisk krop, har Gud givet os mulighed for at forblive i himmelsk bevidsthed uanset ydre omstændigheder. En alkoholiker tager sin beruselse med sig, hvorhen han end går. Et sygt menneske er altid optaget af sin sygdom. Den, der er glad, bobler altid over af godt humør. Og den, som er bevidst om Gud, nyder den højeste Salighed, uanset om han er aktiv i den ydre verden eller fordybet i det indre samvær.

❖ ❖ ❖

Igen og igen i evangelierne understregede Jesus, at hvad han havde opnået, kan alle opnå. Hans næste ord til Nikodemus viser hvordan.

"Og ligesom Moses ophøjede slangen i ørkenen, sådan må Menneskesønnen ophøjes, for at enhver, som tror, ikke skulle fortabes, men skal have evigt liv i ham."

Jesus sagde, at enhver menneskesøn, enhver kødelig bevidsthed, må løftes fra sansernes niveau til det astrale rige ved at vende livskraftens materiedirigerede udstrømning til opstigning gennem den slangeagtige snoede passage nederst i rygraden – menneskesønnen ophøjes, når slangekraften opløftes "ligesom Moses ophøjede slangen i ørkenen". Vi må stige op igen, ligesom Moses i den åndelige ørken af stilhed, hvor alle hans begær ikke længere eksisterede, ophøjede sin sjæl fra kropsbevidsthed til Gudsbevidsthed ad den samme vej, ad hvilken den var nedsteget.

Som tidligere forklaret er menneskets fysiske, astrale og kausale legemer bundet sammen og fungerer som en helhed i en sammenbinding af livskraft og bevidsthed i de syv cerebrospinale centre. I nedadgående rækkefølge er det sidste bånd en snoet knude nederst i rygraden, som forhindrer bevidsthedens opstigning til det himmelske astralrige. Hvis ikke man ved, hvordan man skal løse denne knude af astral og fysisk kraft, forbliver livet og bevidstheden tiltrukket af det jordiske rige og stråler udad i kroppen og den sanselige bevidsthed.

Det meste energi bevæger sig gennem rummet i en spiralform – et allestedsnærværende motiv i universets makrokosmiske og mikrokosmiske arkitektur. Begyndende med galaktiske stjernetåger – altings kosmiske vugge – strømmer energien i snoede, cirkulære eller hvirvellignende mønstre. Temaet gentages i elektronernes kredsløbsdans omkring deres atomkerner, og (som nævnt i gamle hinduistiske hellige skrifter) af planeter og sole og stjernesystemer, der drejer rundt i rummet omkring universets store centrum. Mange galakser er spiralformede; og talløse andre fænomener i naturen – planter, dyr, vindene og stormene – vidner på samme måde om de usynlige energihvirvler, som ligger til grund for deres form og struktur. Sådan er også "slangekraften" (*kundalini*), i menneskelegemets mikrokosmos; den snoede strøm nederst i rygraden, en vældig livsdynamo, som, når den er rettet udad, opretholder det fysiske legeme og dets sansebevidsthed; og når den bevidst rettes opad, åbner vidunderne i de astrale cerebrospinale centre.

Når sjælen i sine fine lag af kausal- og astrallegemer indtræder i den fysiske inkarnation ved undfangelsen, vokser hele kroppen fra den oprindelige celle, der dannes ved foreningen af sæd og æg, begyndende med de første tegn på medulla oblongata, hjernen og rygmarven.

Fra sit oprindelige sæde i medullaen flyder astrallegemets intelligente livsenergi nedad – og aktiverer de specialiserede kræfter i de astrale cerebrospinale *chakraer*, som skaber og giver liv til den fysiske rygrad, nervesystemet og alle kroppens andre organer. Når den oprindelige livskraft er færdig med at skabe kroppen, lægger den sig til hvile i den snoede passage i det laveste center, coccygealcentret. Den snoede udformning af dette astrale center giver livsenergien deri betegnelsen *kundalini* eller slangekraft (fra sanskrit *kundala*, "snoet"). Når dens skabende arbejde er fuldendt, siges den koncentrerede livskraft i dette center at være "sovende" *kundalini*, for når den stråler ud i legemet og til stadighed opliver sansernes fysiske område – syn, hørelse, lugtesans, smag og berøring og den jordbundne fysisk skabende kraft i form af sex – får den bevidstheden til at blive stærkt identificeret med sansernes misvisende drømme og med deres domæne af aktivitet og begær.

Moses, Jesus og de hinduistiske yogier kendte alle hemmeligheden bag det videnskabelige åndelige liv. De demonstrerede enstemmigt, at ethvert menneske, som endnu er fysisk indstillet, må mestre kunsten at opløfte slangekraften fra den sanselige kropsbevidsthed for at kunne tage det første af de indre skridt tilbage mod Ånden.

Enhver helgen fra enhver religion, som har opnået Gudsbevidsthed, har således trukket sin bevidsthed og livskraft tilbage fra sanseområderne og op gennem rygradspassagen og plexerne til centret for Gudsbevidsthed i hjernen og derfra ind i den allestedsnærværende Ånd.

Når man sidder stille og roligt, har man delvist stilnet den livskraft, der strømmer ind i nerverne, og frigjort den fra musklerne; i det øjeblik er kroppen afslappet. Men freden bliver let forstyrret af enhver støj eller anden fornemmelse, der når en, fordi livsenergien, som stadig strømmer udad gennem den snoede bane, holder sanserne i gang.

Når man sover, er de astrale livskræfter ikke blot tilbagetrukket fra musklerne, men også fra sanseinstrumenterne. Hver nat opnår mennesket en fysisk tilbagetrækning af livskraften, omend på en ubevidst måde; kroppens energi og bevidsthed trækker sig tilbage til området omkring hjertet, rygraden og hjernen, hvilket giver mennesket den foryngende fred fra den underbevidste kontakt med den guddommelige dynamo for alle ens kræfter, sjælen. Hvorfor føler man glæde i søvnen? Fordi man i det dybe søvnstadie med den drømmeløse søvn, uden kropsbevidsthed, glemmer de fysiske begrænsninger, og sindet kortvarigt åbner sig for en højere bevidsthed.

Yogien kender den videnskabelige kunst at trække sig bevidst tilbage fra sine sansenerver, så ingen ydre forstyrrelser fra syn, lyd, berøring, smag eller lugt kan få adgang til den indre helligdom i hans fredfyldte meditation. Soldater, der er udstationeret i dagevis ved fronten, kan falde i søvn på trods af kampens konstante larm på grund af kroppens mekanisme til ubevidst at trække energien væk fra ørerne og andre sanseorganer. Yogien ræsonnerer, at dette kan gøres bevidst. Ved at kende og praktisere koncentrationens konkrete love og videnskabelige teknikker kan yogier slukke for sanserne efter behag – og gå fra den underbevidste slummer til en salig overbevidst indre tilstand.

❖ ❖ ❖

Alle mennesker har lært at gå ind i underbevidstheden i søvn; og alle kan ligeledes mestre den overbevidste ekstases kunst med dens uendeligt mere behagelige og restituerende oplevelse, end den der kan opnås i søvnen. Denne højere tilstand skænker en den stadige bevidsthed om, at stoffet er Guds frosne forestillinger, ligesom søvnens drømme og mareridt er vores egne flygtige tankeskabelser, kondenseret eller "frosset" til visuelle oplevelser gennem vores fantasis objektiviserende skaberkraft. En drømmende person ved ikke, at et mareridt er uvirkeligt, før han vågner op. På samme måde er det kun ved at vågne op i Ånden – enhed med Gud i *samadhi* – at man kan forjage den kosmiske drøm fra skærmen i sin individualiserede bevidsthed.

Himmelfart i Ånden er ikke let, for når man er bevidst om kroppen, er man i grebet af sin sædvanlige natur med vedholdende humørsvingninger og vaner. Man skal besejre kroppens begær uden frygtsomhed. En kropsbundet "menneskesøn" kan ikke stige op til himmelsk frihed blot ved at tale om det; han er nødt til at vide, hvordan man åbner den snoede knude af *kundalini*-kraft nederst i rygraden, for at kunne overskride det kødelige fængsels indespærring.

Hver gang man mediterer dybt, hjælper man automatisk med at vende livskraften og bevidstheden fra stof til Gud. Hvis strømmen i den astrale knude nederst i rygraden ikke er ophøjet ved god levevis, gode tanker og meditation, så kommer materialistiske tanker, verdslige tanker og primitive tanker til udtryk i ens liv. Med hver god gerning man udfører "opstiger man til himmelen" – ens sind bliver mere fokuseret på Kristuscentrets himmelske indsigt; med hver ond gerning nedstiger man i stoffet, og ens opmærksomhed fanges af forvildelsens spøgelser.

❖ ❖ ❖

Det er yderst vanskeligt at vække *kundalini*-kraften, og det kan ikke gøres ved et tilfælde. Det tager mange års målbevidst meditation under vejledelse af en kompetent guru, før man kan drømme om at frigøre det himmelske astrallegeme fra dets trældom til fysisk indespærring ved at vække *kundalinien*. Den, der er i stand til at vække *kundalinien*, nærmer sig hurtigt Kristustilstanden. Opstigning gennem den snoede vej åbner det åndelige øjes sfæriske syn og afslører hele universet omkring legemet, understøttet af de himmelske kræfters vibrerende lys.

Syns-, høre-, smags-, føle- og lugtesanserne er som fem søgelys, der afslører stoffet. Når livsenergien strømmer udad gennem disse sansestråler, er man tiltrukket af smukke ansigter eller betagende lyde eller lokkende dufte, smage og taktile fornemmelser. Det er naturligt; men det, der er naturligt for den kropsbundne bevidsthed er unaturligt for sjælen. Men når den guddommelige livsenergi trækkes tilbage fra de autokratiske sanser gennem stien i rygraden ind i det åndelige center for uendelig indsigt i hjernen, så kastes den astrale energis søgelys på evighedens uendelighed og afslører den universelle Ånd. Den hengivne bliver da tiltrukket af det Ædle Overnaturlige, Skønheden over alle skønheder, Musikken over al musik, Glæden over alle glæder. Han kan røre Ånden i hele universet og kan høre Guds stemme, som genlyder i alle sfærer. Formen opløses i det Formløse. Kroppens bevidsthed, som er begrænset til en midlertidig, lille form, udvides uendeligt ind i den formløse, evigt eksisterende Ånd.

Jesus forklarer, at enhver, som tror på doktrinen om at løfte den kropslige bevidsthed (menneskesønnen) fra det fysiske til det astrale ved at vende livskraften gennem den snoede passage ved rygradens nederste del, ikke skal fortabes, det vil sige være underlagt livets og dødens jordiske omskiftelser, men vil gradvist opnå den uforanderlige tilstand – Kristusbevidstheden, Guds Søn.

KAPITEL 6

Den sande betydning af at "tro på hans navn" og frelse

"Thi således elskede Gud verden, at Han gav sin Søn den enbårne, for at enhver, som tror på ham, ikke skal fortabes, men have evigt liv. Thi Gud sendte ikke Sin Søn til verden for at dømme verden, men for at verden skal frelses ved ham. Den, som tror på ham, dømmes ikke; den, som ikke tror, er allerede dømt, fordi han ikke har troet på Guds enbårne Søns navn.

"Og dette er dommen, at lyset er kommet til verden, og menneskene elskede mørket mere end lyset; thi deres gerninger var onde. Thi enhver, som øver ondt, hader lyset og kommer ikke til lyset, for at hans gerninger ikke skal afsløres. Men den, som gør sandheden, kommer til lyset, for at det må blive åbenbart, at hans gerninger er gjort i Gud."
(Johannesevangeliet 3:16-21).

Forvirringen mellem "Menneskesønnen" og "Guds enbårne Søn" har skabt meget bigotteri i kirkedommens fællesskab, hvor man ikke forstår eller erkender det menneskelige element i Jesus – at han var et menneske, født i et jordisk legeme, som havde udviklet sin bevidsthed til at blive ét med Gud Selv. Ikke Jesu legeme, men bevidstheden i det var ét med den enbårne Søn, Kristusbevidstheden, Gud Faders eneste afspejling i skabelsen. Ved at tilskynde mennesker til at tro på den enbårne Søn, henviste Jesus til Kristusbevidstheden, som var fuldt åbenbaret i ham selv og alle Gudserkendte mestre gennem tiderne, og som er latent i enhver sjæl. Jesus sagde, at alle sjæle, som løfter deres fysiske bevidsthed (Menneskesønnens bevidsthed) til den astrale himmel og derefter bliver ét med den enbårne Kristusintelligens i hele skabelsen, vil kende det evige liv.

Betyder dette skriftsted at alle, som ikke modtager eller tror på Jesus som deres Frelser er fordømte? Det er en dogmatisk opfattelse af fordømmelse. Hvad Jesus mente var, at den, som ikke erkender sig selv som ét med den universelle Kristusbevidsthed, er dømt til at leve og tænke som en

Den sande betydning af at "tro på hans navn" og frelse 65

betrængt dødelig, bundet af sansernes begrænsninger, fordi han i bund og grund har adskilt sig fra livets Evige Princip.

Jesus henviste aldrig til sin Menneskesøn-bevidsthed eller sit legeme som den eneste frelser for alle tider. Abraham og mange andre blev frelst, selv før Jesus blev født. Det er en metafysisk fejl at tale om Jesus, den historiske person, som den eneste frelser. Det er Kristusintelligensen, som er den universelle forløser. Som den eneste afspejling af den Absolutte Ånd (Faderen), der er allestedsnærværende i relativitetens verden, er den Uendelige Kristus den eneste formidler eller forbindelse mellem Gud og stof, som alle stofformede individer – uafhængigt af forskellige kaster og trosretninger – må passere igennem for at nå Gud. Alle sjæle kan befri deres stofbegrænsede bevidsthed og dykke ind i Allestedsnærværelsens storhed ved at være modtagelige for Kristusbevidstheden.

Jesus sagde: "Når I har ophøjet Menneskesønnen, så vil I vide, at jeg er ham." Han vidste, at hans fysiske legeme kun ville blive på jordplanet i kort tid, så han gjorde det klart for dem, han var frelser for, at når hans legeme (menneskesønnen) havde forladt jorden, ville folk stadig kunne finde Gud og frelse ved at tro på og kende den allestedsnærværende enbårne Guds Søn. Jesus understregede, at enhver, der troede på hans ånd som den Uendelige Kristus, der var inkarneret i ham, ville finde vejen til evigt liv gennem den meditative videnskab om bevidsthedens indre himmelfart.

"For at enhver, som tror på ham, ikke skal fortabes." Naturens former ændrer sig, men den Uendelige Intelligens, iboende i naturen, er for evigt uændret af vildfarelsens mutationer. Et barn, som er temperamentsfuldt knyttet til en snemand, vil græde, når solen står højt på himmelen og smelter denne form. Ligeledes lider Guds børn, når de er knyttet til det omskiftelige menneskelige legeme, som går gennem barndom, ungdom, alderdom og død. Men de, som vender deres livskraft og bevidsthed indad og koncentrerer sig om udødelighedens indre sjælegnist, bliver bevidste om himmelen, allerede her på jorden; og fordi de erkender livets transcendente

essens, er de ikke underkastet den smerte og lidelse, som er en naturlig del af livets og dødens uophørlige cyklusser.[4]

Jesu majestætiske ord i dette afsnit var ment som et guddommeligt, opmuntrende løfte om frelse til hele menneskeheden. I stedet har århundreders fejlfortolkning startet krige med intolerant had, torturerende inkvisitioner og splittende fordømmelser.

"Thi Gud sendte ikke Sin Søn til verden for at dømme verden, men for at verden skal frelses ved ham." "Verden" i dette vers betyder hele Guds skaberværk. Herrens formål med at afspejle Sin Intelligens i skabelsen og muliggøre et struktureret kosmos var ikke at udtænke et endeligt fængsel, hvor sjæle er indespærret som vilkårlige deltagere i en *danse macabre* af lidelse og ødelæggelse, men at gøre Sig Selv tilgængelig som en drivende Kraft, der kan skubbe verden fra uvidenhedens formørkede materialle manifestation til en oplyst åndelig manifestation.

Det er sandt, at den Universelle Intelligens' vibrerende kreative manifestation har været ophav til de utallige attraktioner i det kosmiske teater, hvor mennesket konstant forvirres til at vende sig fra Ånden til det materielle liv, til at vende sig fra den Universelle Kærlighed til det menneskelige livs forelskelser. Bevidstheden om det Absolutte hinsides skabelsen er dog intimt tæt på gennem Dets genspejlede Intelligens' mellemled i skabelsen. Gennem denne kontakt erkender den hengivne, at Gud ikke sendte Kristusintelligensen (Hans enbårne Søn) for at skabe et torturkammer, men en kolossal kosmisk film, hvis scener og skuespillere ville underholde for en tid for så til slut at vende tilbage til Åndens Salighed.

I lyset af den forståelse, uanset ens omstændigheder i denne relative verden, føler man sin forbindelse med den Universelle Ånd, og forstår det Absoluttes grænseløse Intelligens, der arbejder i alle Naturens relativiteter. Enhver, der tror på og koncentrerer sig om den Intelligens – Kristus – i stedet for Dens produkter – den ydre skabelse – finder frelse.

---

[4] "Himmelen skal rulles tilbage, og jorden skal foldes ud for øjnene af jer. Den, der har liv fra den Levende, ser hverken død eller frygt." – Thomasevangeliet, vers 111 *(Udgiverens note)*
   Herren Krishna taler således om yogavidenskaben i Bhagavad Gitaen (II:40): "Selv en lille smule af denne sande religion beskytter en fra stor frygt (de kolossale lidelser, der knytter sig til fødslens og dødens gentagne cyklusser)."

Dogmer og politik: hvordan den sande betydning af "den enbårne Søn" gik tabt

Ligesom med "Ordet" (se kapitel 3), kom "den enbårne Søn" kun til at betegne personen Jesus gennem en gradvis doktrinudvikling, skabt af indviklede teologiske og politiske påvirkninger. For en detaljeret historie, se for eksempel *When Jesus Became God: The Struggle to Define Christianity During the Last Days of Rome* af Richard E. Rubenstein (New York: Harcourt, 1999).

Skrifterne fra mange gnostiske kristne fra de første to århundreder e.Kr., deriblandt Basilides, Theodotus, Valentinus og Ptolemaios, udtrykker på samme måde en forståelse af "den enbårne Søn" som et kosmisk princip i skabelsen – det guddommelige *Nous* (græsk for intelligens, sind eller tanke) – i stedet for Jesus som person.

Den berømte kirkefader Klemens fra Alexandria citerer fra Theodotus' skrifter at "den enbårne Søn er *Nous*" (*Excerpta ex Theodoto* 6.3). I *Gnosis: A Selection of Gnostic Texts* (Oxford, England: Clarendon Press, 1972), citerer den tyske forsker Werner Foerster Irenæus' ord: "Basilides fremsætter *Nous* som stammende fra den uskabte Fader." Valentinus, en lærer, som var højt respekteret af den kristne menighed i Rom omkring år 140 e.Kr., havde lignende meninger ifølge Foerster, idet han mente, at "i indledningen til Johannesevangeliet står den 'Enbårne' for *Nous*."

Men ved kirkekoncilet i Nikæa (325 e.Kr.) og ved det senere koncil i Konstantinopel (381 e.Kr.) proklamerede kirken som officiel doktrin, at Jesus selv var, med ordene fra den nikænske trosbekendelse, "Guds enbårne Søn, som er født af Faderen før alle tider, lys af lys, sand Gud af sand Gud, født, ikke skabt, *homoousios* ['af samme væsen'] som Faderen". Efter konciliet i Konstantinopel, skriver Timothy D. Barnes i *Athanasius and Constantius: Theology and Politics in the Constantinian Empire* (Harvard University Press, 1993), "stadfæstede kejseren dets beslutning som lov, og han udsatte kristne, som ikke accepterede den nikænske trosbekendelse og dens parole *homoousios*, for indskrænkede rettigheder. Som det længe har været anerkendt, markerede disse begivenheder overgangen fra én markant epoke i den kristne kirkes og Romerrigets historie til en anden."

> Siden da, forklarer Richard E. Rubenstein i *When Jesus Became God*, har kirkens officielle lære været, at hvis man ikke accepterer Jesus som Gud, så afviser man Gud Selv. Igennem århundrederne har denne opfattelse haft enorme og ofte tragiske følger for forholdet mellem kristne og jøder (og senere muslimer, som anser Jesus som en guddommelig profet, men ikke som en del af Guddommen), såvel som for de ikkekristne folkeslag i lande, som senere blev erobret og koloniseret af europæiske nationer. *(Udgiverens note)*

At tro, at Herren fordømmer ikketroende som syndere, er selvmodsigende. Eftersom Herren Selv bor i alle væsener, ville fordømmelse være fuldstændig selvødelæggende. Gud straffer aldrig mennesket for ikke at tro på Ham; mennesket straffer sig selv. Hvis man ikke tror på dynamoen og klipper de ledninger over, der forbinder den med ens hjem, mister man fordelene ved den elektriske kraft. På samme måde er det at fornægte den Intelligens, som er allestedsnærværende i al skabelse, at nægte bevidstheden dens forbindelse med Kilden til guddommelig visdom og kærlighed, som er drivkraften til opløftelsen i Ånden.

Anerkendelse af Guds iboende natur kan begynde med blot at udvide sin kærlighed til en stadig større kreds. Man fordømmer sig selv til begrænselse, hver gang man blot tænker på sit eget lille selv, sin egen familie, sin egen nation. Udvidelsesprocessen er indbygget i naturen og menneskets udvikling tilbage til Gud. En familiebevidsthed, som udelukker andre – "os fire og ikke flere" – er forkert. At udelukke menneskehedens større familie er at udelukke den Uendelige Kristus. Den, som afskærer sig selv fra andres lykke og velfærd, har allerede fordømt sig selv ved at isolere sig fra den Ånd, som gennemtrænger alle sjæle; for den, som ikke rækker ud i kærlighed og tjeneste til Gud i andre, tilsidesætter den frelsende magt fra forbindelsen med Kristi universalitet. Hvert mennesker har fået magten til at udføre gode gerninger; hvis man ikke udøver denne egenskab, er ens åndelige udvikling ikke meget bedre end dyrets instinktive egeninteresse.

Ren kærlighed i menneskehjerter udstråler den universelle Kristuskærlighed. Til stadighed at udvide kredsen af ens kærlighed er at samstemme den menneskelige bevidsthed med den enbårne Søn. At elske familiemedlemmer er det første skridt til at udvide egenkærligheden til de nærmeststående; at elske alle mennesker uanset race og nationalitet er at kende Kristuskærligheden.

Det er Gud alene som den Allestedsnærværende Kristus, der er ansvarlig for alle livets udtryk. Herren maler vidunderlige scenerier i de evigt skiftende skyer og på himmelen. Han skaber altre af Sin duftende skønhed i blomsterne. I alt og alle – venner og fjender; bjerge, skove, havet, luften, den hvirvlende galaktiske baldakin, som strækker sig over det hele – ser den Kristushengivne Guds ene, blandede lys. Han ser, at de utallige udtryk af det ene Lys, som ofte synes kaotiske i konflikt og modsigelser, blev skabt af Guds intelligens, ikke for at bedrage mennesker eller plage dem, men for at lokke dem til at søge det Uendelige, hvorfra de er opstået. Den, der ikke ser på delene, men på helheden, forstår skabelsens formål: at vi alle uden undtagelse bevæger os ubønhørligt mod universel frelse. Alle floder bevæger sig mod havet; vores livs floder bevæger sig mod Gud.

Bølgerne på havets overflade ændrer sig ustandseligt, mens de leger med vinden og tidevandet, men deres oceaniske essens forbliver den samme. Den, som koncentrerer sig om én isoleret livsbølge, vil lide, for den bølge er ustabil og vil ikke vare ved. Det er det, Jesus mente med "dømt": Et menneske, som er bundet til legemet, skaber sin egen fordømmelse ved at isolere sig fra Gud. For at blive frelst må man genoprette erkendelsen af sin uadskillelige enhed med det Immanente Guddommelige.

"Når jeg vågner, spiser, arbejder, drømmer, sover,
Tjener, mediterer, chanter, elsker guddommeligt,
Nynner min sjæl hele tiden, uhørt af alle:
Gud! Gud! Gud!"[5]

På denne måde er man sig til stadighed bevidst om sin forbindelse med den uforanderlige Guddommelige Intelligens – den Absolutte Godhed, som ligger til grund for skabelsens provokerende gåder.

"*Den, som tror på ham, dømmes ikke; den, som ikke tror, er allerede dømt.*" Dette fremhæver også "troens" rolle i menneskets fordømmelse eller

---

[5] Fra *Songs of the Soul* af Paramahansa Yogananda (udgivet af Self-Realization Fellowship).

ikkefordømmelse. Personer, som ikke forstår, at det Absolutte er iboende i den relative verden, bliver ofte enten skeptiske eller dogmatiske, fordi religion i begge tilfælde er et spørgsmål om blind tro. Skeptikeren er ikke i stand til at forsone idéen om en god Gud med det tilsyneladende onde i skabelsen, og forkaster religiøs tro lige så stædigt, som dogmatikeren klynger sig til den.

De sandheder, som Jesus udtrykte, gik langt udover blind tro, som tiltager og aftager under indflydelse af præsters og kynikeres paradoksale udtalelser. Tro er en indledende fase i den åndelige udvikling, som er nødvendig for at modtage idéen om Gud. Men den idé skal omsættes til overbevisning, til erfaring. Troen er forløberen for overbevisningen; man må tro på noget for at kunne undersøge det på en retfærdig måde. Men hvis man er tilfreds med kun at tro, bliver det til dogmer – snæversynethed, en udelukkelse af sandhed og åndelig fremgang. Det, der er nødvendigt, er, at man i troens jord lader høsten af den direkte oplevelse og kontakt med Gud vokse. Det er denne ubestridelige erkendelse og ikke blot tro, som frelser mennesker.

Hvis nogen siger til mig: "Jeg tror på Gud", spørger jeg ham: "Hvorfor tror du? Hvordan ved du, at der er en Gud?" Hvis svaret er baseret på formodninger eller andenhåndsviden, vil jeg sige, at han ikke rigtig tror. For at have en overbevisning må man have nogle data til at understøtte den; ellers er det kun et dogme og et nemt offer for skepticisme.

Hvis jeg pegede på et klaver og erklærede, at det var en elefant, ville en intelligent persons fornuft gøre oprør mod en sådan absurditet. Når dogmer om Gud udbredes uden bekræftelse fra erfaring eller erkendelse, vil fornuften før eller siden, når den testes med en modsat erfaring, på samme måde angribe sandheden om disse idéer med spekulationer. Efterhånden som de brændende stråler fra den analytiske undersøgelses sol bliver varmere og varmere, visner og hensygner skrøbelig, udokumenteret tro og efterlader en ødemark af tvivl, agnosticisme eller ateisme.

Videnskabelig meditation overskrider den rene filosofi og harmoniserer bevidstheden med den højeste, mægtige sandhed; for hvert skridt bevæger den hengivne sig henimod virkelig erkendelse og undgår forvildet vandring. At vedblive i sine anstrengelser for at bekræfte og opleve tro

Den sande betydning af at "tro på hans navn" og frelse 71

gennem intuitiv erkendelse, som kan opnås ved hjælp af yogametoder, er at bygge et sandt åndeligt liv, der er sikret mod tvivl.

Tro er en mægtig kraft, hvis den fører til ønsket om og beslutsomheden til at opleve Kristus. Det var det, Jesus mente, da han tilskyndede folk til at "tro på Guds enbårne Søns navn": Gennem meditation trækker man bevidstheden og livsenergien tilbage fra sanserne og stoffet for at fornemme *Aum*, Ordet eller den altgennemtrængende Kosmiske Vibrationsenergi, som er "navnet" eller den aktive manifestation af den iboende Kristusbevidsthed. Man kan uophørligt hævde en intellektuel tro på Jesus Kristus; men hvis man rent faktisk aldrig oplever den Kosmiske Kristus, som både allestedsnærværende og inkarneret i Jesus, er den åndelige anvendelighed af ens tro utilstrækkelig til at frelse en.

Ingen kan frelses blot ved gentagne gange at ytre Herrens navn eller lovprise Ham i crescendoer af hallelujaer. Det er ikke i blind tro på Jesu navn eller tilbedelsen af hans personlighed, at man kan modtage den befriende kraft i hans lære. Den sande tilbedelse af Kristus er det guddommelige fællesskab af Kristusopfattelse i den udvidede bevidstheds vægløse tempel.

Gud ville ikke afspejle Sin "enbårne Søn" i verden for at opføre Sig som en uforsonlig detektiv, der opsporer vantro for at straffe dem. Den forløsende Kristusintelligens, som bor i brystet af enhver sjæl uden hensyn til dens legemlige ophobning af synder eller dyder, venter med uendelig tålmodighed på, at hver enkelt vågner op i meditation fra den forblændelsesbedøvede søvn for at modtage frelsens nåde. Den person, som tror på denne Kristusintelligens, og som med åndelig handling dyrker ønsket om at søge frelse gennem opstigning i Guds afspejlede bevidsthed, behøver ikke længere at vandre blindt ad fejltagelsernes bedrageriske sti. Med afmålte skridt bevæger han sig sikkert mod den forløsende Uendelige Nåde. Men den vantro, som foragter tanken om denne Frelser, den eneste vej til frelse, dømmer sig selv til kropsbundet uvidenhed og dens følger, indtil han åndeligt vågner op.

❖ ❖ ❖

"Og dette er dommen, at lyset er kommet til verden, og menneskene elskede mørket mere end lyset; thi deres gerninger var onde. Thi

enhver, som øver ondt, hader lyset og kommer ikke til lyset, for at hans gerninger ikke skal afsløres. Men den, som gør sandheden, kommer til lyset, for at det må blive åbenbart, at hans gerninger er gjort i Gud." (Johannesevangeliet 3:19-21).

Guds altgennemtrængende lys, fyldt med den universelle Kristusintelligens, udstråler i stilhed guddommelig kærlighed og visdom for at lede alle væsener tilbage til den Uendelige Bevidsthed. Sjælen, som er et mikrokosmos af Ånden, er et evigt tilstedeværende lys i mennesket, der leder det gennem skelnende intelligens og samvittighedens intuitive stemme; men alt for tit nægter rationaliseringen af begærlige vaner og indskydelser at følge med. Fristet af den kosmiske illusions Satan vælger mennesket gerninger, som udsletter lyset fra den skelnende indre vejledning.

Syndens oprindelse og dens deraf følgende fysiske, mentale og åndelige lidelse ligger derfor i den kendsgerning, at sjælens guddommelige intelligens og skelneevne undertrykkes af menneskets misbrug af sit Gudgivne frie valg. Selvom uforstående mennesker tilskriver Gud deres egne hævngerrige tendenser, er "dommen", som Jesus talte om, ikke en straf udmålt af en tyrannisk Skaber, men de resultater, mennesket påfører sig selv ved sine egne gerninger i henhold til loven om årsag og virkning (karma) og vanens lov.

Ved at give efter for begær, som holder deres bevidsthed koncentreret om og indespærret i den materielle verden – "mørket" eller den materielle del af den kosmiske skabelse, hvor det oplysende Guddommelige Nærvær er stærkt tilsløret af *maya*-bedragets skygger – hengiver de formørkede sjæle, der er menneskeligt identificeret med jordiske egoer, sig gentagne gange til deres fejlagtige levevis, som så bliver fast forankret i hjernen som dårlige vaner af jordisk opførsel.

Da Jesus sagde, at mennesker elsker mørket mere end lyset, henviste han til den kendsgerning, at materielle vaner holder millioner væk fra Gud. Han mente ikke, at alle mennesker elsker mørket – kun dem, som ikke gør sig nogen anstrengelse for at modstå Satans fristelser, men i stedet tager den nemme vej ved at rulle ned ad de dårlige vaners bakke og således bliver vant til den verdslige bevidstheds mørke. Eftersom de udelukker Kristusbevidsthedens stemme, som hvisker i deres personlige samvittighed, afviser de den uendeligt mere fristende oplevelse af glæde, som de kan få gennem de gode vaner, tilskyndet af det vejledende visdomslys i deres sjæle.

❖ ❖ ❖

Jesus understregede således, at ved hjælp af lyset fra sjælens opvågnen kan den dødelige vane med at foretrække materialitetens vildledende mørke fordrives fra menneskets bevidsthed. Med gentagne viljeshandlinger, hvor man mediterer regelmæssigt og dybt, opnår man den suverænt tilfredsstillende Salighedskontakt med Gud og kan genkalde denne glæde til sin bevidsthed når som helst og hvor som helst.

❖ ❖ ❖

Det "enkelte" eller åndelige øje

"Øjet er legemets lys; hvis derfor dit øje er enkelt, er hele dit legeme i lys; men hvis dit øje er ondt, er hele dit legeme i mørke. Hvis nu det lys, der er i dig, er mørke, hvor stort bliver så ikke mørket!" (Matthæusevangeliet 6:22-23).

Det Gudsafslørende lys i kroppen er det enkelte øje midt i panden, som ses i dyb meditation – døren til Guds nærvær. Når den hengivne kan se gennem dette åndelige øje, skuer han hele sit legeme såvel som sit kosmiske legeme fyldt med Guds lys, som udgår fra den kosmiske vibration.

Ved at fæstne de to øjnes syn på punktet mellem øjenbrynene i meditationens indadrettede koncentration kan man fokusere de positive-negative optiske energier fra højre og venstre øje og forene deres strømme i det enkelte øje af guddommeligt lys. Det uvidende, materielle menneske kender intet til dette lys. Men enhver, som har praktiseret bare en smule meditation, kan sommetider se det. Når den hengivne har gjort fremskridt, ser han dette lys, når han vil, med lukkede eller åbne øjne, i dagslys eller i mørke. Den højt udviklede hengivne kan skue dette lys, så længe han ønsker det; og når hans bevidsthed kan trænge ind i dette lys, indgår han i de højeste tilstande af transcendent erkendelse.

Men når ens blik og sind er bortvendt fra Gud og koncentreret om onde motiver og materielle gerninger, er ens liv fyldt med mørket fra vildfarelsens uvidenhed, åndelig ligegyldighed og gerninger, der skaber elendighed. Det indre kosmiske lys og visdommen forbliver skjult. "Hvor stort bliver så ikke mørket" hos det materielle menneske, som kun kender lidt eller slet intet til den guddommelige virkelighed, og som med glæde eller vrede accepterer alle de tilbud fra vildfarelsen, der viser sig. At leve i en sådan klam uvidenhed er ikke noget gyldigt liv for den inkarnerede sjælsbevidsthed.

Det åndeliggjorte menneske – hvis legeme og sind er oplyst indadtil af astralt lys og visdom, hvor skyggerne fra det fysiske og mentale mørke er væk, og hvor hele kosmos ses som fyldt med Guds lys, visdom og glæde – han, i hvem Selverkendelsens lys er fuldt ud manifesteret, modtager ubeskrivelig glæde og den guddommelige visdoms uendelige vejledning.

Så længe en person er beruset af onde tanker og handlinger, vil hans mørke mentalitet hade sandhedens lys. Det eneste gode ved dårlige vaner er dog, at de sjældent holder deres løfter. De bliver til sidst afsløret som uforbederlige løgnere. Det er derfor, at sjæle ikke kan bedrages eller slavebindes for evigt. Selvom folk med dårlige vaner i begyndelsen viger tilbage for tanken om et bedre liv, vil de, når de har fået nok af de onde veje og er nået til mæthedspunktet, og når de har lidt nok under følgerne, vende sig mod Guds visdomslys for at få lindring, på trods af eventuelle rodfæstede dårlige vaner, som endnu skal overvindes. Hvis de til stadighed praktiserer en levevis i harmoni med Sandheden, vil de i dette lys erkende den glæde og indre fred, som selvkontrol og gode vaner medfører.

"Men den, som gør sandheden, kommer til lyset, for at det må blive åbenbart, at hans gerninger er gjort i Gud." ... Den guddommeligt søgende, som hver dag prøver at ændre noget, der ikke er godt, i sin natur, vil gradvist overkomme sine gamle vanebundne materielle handlinger. Hans gerninger og hans liv bliver genskabt, "gjort i Gud"; han bliver i sandhed født på ny. Ved at holde fast i den gode vane med daglig videnskabelig meditation ser

Den sande betydning af at "tro på hans navn" og frelse 75

han og bliver døbt i Kristusvisdommens lys, Helligåndens guddommelige energi, som faktisk udvisker de elektriske baner i hjernen, der er skabt af dårlige tankevaner og adfærdsmønstre. Den intuitive opfattelses åndelige øje åbnes og skænker ham ikke blot en ufejlbarlig vejledning på livets vej, men også synet af og adgangen til Guds himmelske rige – og til sidst enhed med Hans allestedsnærværende bevidsthed.

DEL III

JESU YOGA AF GUDDOMMELIG KÆRLIGHED

Illustration af Heinrich Hofmann

Bjergprædikenen

KAPITEL 7

Saligprisningerne

Så tog han til orde, lærte dem og sagde: "Salige er de fattige i ånden, thi Himmeriget er deres." (Matthæusevangeliet 5:2-3).

Parallel henvisning:

"Og han fæstede sine øjne på sine disciple og sagde: "Salige er I, som er fattige, thi Guds rige er jeres." (Lukasevangeliet 6:20).

Når han underviste, frigjorde Jesus både gennem sin stemme og sine øjne sin guddommelige livskraft og vibration, som spredte sig over disciplene, så de kunne være dybt modtagelige og magnetiske og i stand til gennem deres intuitive forståelse at modtage det fulde mål af hans visdom.

Jesu lyriske vers, som begynder med "Salige er ...", er blevet kendt som Saligprisningerne. At saliggøre er at gøre yderst lykkelig; salighed betyder himmelens velsignelse, himmelens salighed. Jesus fremsætter her med kraft og enkelhed en doktrin om moralske og åndelige principper, som har givet genlyd med uformindsket styrke gennem tiderne – forskrifter, hvormed menneskets liv bliver velsignet og fyldt med himmelsk salighed.

Ordet "fattig", som det bruges i den første saligprisning, betyder, at man mangler enhver ydre overfladisk elegance af åndelig rigdom. De, der besidder sand åndelighed, viser den aldrig på en prangende måde; de udtrykker snarere helt naturligt en ydmyg mangel på ego og dets forfængelige pynt. At være "fattig i ånden" betyder, at man i sit indre, i sin ånd, har fjernet begæret efter og tilknytningen til materielle genstande, jordiske besiddelser, materielt indstillede venner og selvisk menneskekærlighed. Gennem denne renselse med indre forsagelse finder sjælen ud af, at den altid har besiddet alle rigdomme i Visdommens og Lykkens Evige Rige, og den dvæler fremover deri i evigt samvær med Gud og Hans helgener.

Fattigdom "i ånden" betyder ikke, at man nødvendigvis skal være fattig, idet afsavn af basale legemlige nødvendigheder kan aflede ens sind fra Gud. Men det betyder helt sikkert, at man ikke skal stille sig tilfreds med materielle tilegnelser i stedet for åndelig overflod. Personer, som er materielt rige, kan være fattige på indre åndelig udvikling, hvis rigdom mætter deres sanser; mens de, som er materielt "fattige" af eget valg – som har forenklet de ydre omstændigheder i deres liv for at få tid til Gud – vil høste åndelig rigdom og tilfredsstillelse, som intet skatkammer med guld nogensinde kunne købe.

Således roste Jesus de sjæle, som er fattige i ånden, og som overhovedet ikke er knyttet til personlige verdslige mål og rigdom, men i stedet søger Gud og tjener andre: "I er velsignede på grund af jeres fattigdom. Den vil åbne porten til den alttilstrækkelige Guds rige, og Han vil befri jer fra materiel såvel som åndelig nød i al evighed. Velsignet er I, som står i nød og søger Ham, som alene kan afhjælpe jeres mangler for evigt!"

Når menneskets ånd mentalt giver afkald på begæret efter denne verdens genstande i erkendelse af, at de er illusoriske, forgængelige, vildledende og upassende for sjælen, begynder man at finde sand glæde i at erhverve sig evigt tilfredsstillende sjælskvaliteter. Ved ydmygt at leve et liv i ydre enkelhed og indre forsagelse, fyldt med sjælens himmelske fryd og visdom, arver den hengivne i sidste ende den udødelige velsignelses tabte rige.

❖ ❖ ❖

"Salige er de, som sørger, thi de skal trøstes." (Matthæusevangeliet 5:4).

Parallel henvisning:

"Salige er I, som nu græder, thi I skal le." (Lukasevangeliet 6:21).

Den pinefulde sorg, som almindelige mennesker lider under, opstår, når de sørger over tabet af menneskelig kærlighed eller materielle besiddelser, eller uopfyldte jordiske forhåbninger. Jesus hyldede ikke denne negative sindstilstand, som formørker psykologisk lykke og er aldeles skadelig for fastholdelsen af den åndelige salighed, som man opnår ved ihærdige anstrengelser i meditation. Han talte om den guddommelige melankoli, som er resultatet af den vågnende bevidsthed om adskillelsen fra Gud, hvilket skaber en umættelig længsel i sjælen efter at blive genforenet med den Evigt Elskede. De, som oprigtigt sørger efter Gud, som uophørligt græder efter Ham med stadig større iver i meditationen, vil finde trøst i åbenbaringen af Visdomsfryd, sendt til dem af Gud.

De åndeligt skødesløse børn af Gud udholder livets smertefulde traumer med vred, opgivende resignation i stedet for effektivt at bede om Guddommelig Hjælp. Det er den bedårende uartige baby, der konstant græder efter åndelig viden, som til sidst tiltrækker den Guddommelige Moders svar. Til Sit vedholdende barn kommer den Barmhjertige Moder med Sin trøst af visdom og kærlighed, åbenbaret gennem intuition eller ved et glimt af Hendes egen Tilstedeværelse. Ingen erstatningstrøst kan øjeblikkeligt fjerne lidelsen fra utallige inkarnationer.

De, hvis åndelige sorg dulmes af materielle tilfredsstillelser, vil igen komme til at sørge, når disse skrøbelige sikkerheder bliver revet bort af livets kriser eller af døden. Men de, som græder efter Sandheden og Gud og nægter at blive tilfredsstillet af noget som helst mindre, bliver for evigt trøstet i favnen på den Salige Guddom.

"Velsignede er I, som græder efter Gudserkendelse nu, for ved denne målbevidste længsel opnår I målet. Ved at nyde den evigt nye glæde fundet i guddommeligt samvær, skal I le og fryde jer gennem evigheden!"

❖ ❖ ❖

"Salige er de sagtmodige, thi de skal arve jorden." (Matthæusevangeliet 5:5).

Ydmyghed og sagtmodighed skaber i mennesket en bundløs beholder af modtagelighed, der kan rumme Sandheden. Et stolt og hidsigt individ ruller, ligesom den rullende sten i ordsproget, ned ad uvidenhedens bakke og samler ikke visdommens mos, mens ydmyge sjæle, der har fred i den ivrige mentale beredvilligheds dal, samler visdommens vande, som flyder fra menneskelige og guddommelige kilder, for at nære deres blomstrende dal af sjælsegenskaber.

Den uigennemtrængelige egoist bliver let oprørt, defensiv og bittert offensiv og afviser visdommens udsendinge, som søger adgang til hans livs slot; men den sagtmodige og ydmygt modtagelige tiltrækker den usynlige hjælp fra de kosmiske kræfters velgørende engle, som giver materiel, mental og åndelig velvære. Således arver den sagtmodige i ånden ikke alene al visdom, men også jorden, det vil sige jordisk lykke, på samme tid.

❖ ❖ ❖

"Salige er de, som hungrer og tørster efter retfærdigheden, thi de skal mættes." (Matthæusevangeliet 5:6).

Parallel henvisning:

"Salige er I, som nu hungrer, thi I skal mættes." (Lukasevangeliet 6:21).

Ordene "tørster" og "hungrer" er passende metaforer for menneskets åndelige søgen. Man skal først være tørstig efter den teoretiske viden om, hvordan man opnår frelse. Når man har slukket denne tørst ved at lære den praktiske teknik til faktisk at kontakte Gud, kan man stille sin indre sult efter Sandheden ved dagligt at fylde sig med den guddommelige manna af åndelig erkendelse, som meditationen resulterer i.

De, der søger tilfredsstillelse i materielle ting, opdager, at deres længslers tørst aldrig bliver slukket, og at deres sult aldrig bliver tilfredsstillet af at erhverve sig besiddelser. Trangen i ethvert menneske til at fylde en indre tomhed er sjælens ønske om Gud. Det kan kun lindres ved at erkende sin udødelighed og uforgængelige tilstand af guddommelighed i foreningen med Gud. Når mennesket tåbeligt prøver at stille sin sjæls tørst med sanseglædens erstatninger, famler man sig frem fra den ene flygtige nydelse til den anden, og afslår til sidst dem alle som utilstrækkelige.

Sansernes fornøjelser tilhører legemet og det lavere sind; de bringer ingen næring til menneskets inderste væsen. Åndelig sult, som alle, som ønsker at leve af sanseoplevelser, lider under, lindres kun af retfærdighed – de gerninger, manerer og egenskaber, som er rigtige for sjælen: dyd, åndelig opførsel, salighed, udødelighed.

Retfærdighed betyder ret opførsel i de fysiske, mentale og åndelige afdelinger af livet. Personer, der føler en stor tørst og sult efter at opfylde de højeste pligter i livet, modtager Guds evigt nye lykke: "Velsignede er I, som tørster efter visdom, og som regner dyden og retfærdigheden for at være den rigtige føde til at stille jeres indre sult, for I skal få den vedvarende lykke, som kun opnås ved at følge de guddommelige idealer – en uforlignelig tilfredsstillelse af hjerte og sjæl."

❖ ❖ ❖

"Salige er de barmhjertige, thi dem skal der vises barmhjertighed."
(Matthæusevangeliet 5:7).

Barmhjertighed er en slags faderlig hjertesorg over manglerne hos et vildfarent barn. Det er en iboende kvalitet i den Guddommelige Natur. Jesu livshistorie er fyldt med beretninger om barmhjertighed, sublimt manifesteret i hans gerninger og personlighed. I Guds fuldkommengjorte guddommelige sønner ser vi den skjulte transcendente Fader afsløret, som Han er. Moses' Gud skildres som en vredens Gud (selvom jeg ikke tror, at Moses, som talte til Gud "ansigt til ansigt, som når den ene mand taler med den anden", nogensinde tænkte på Gud som den hævngerrige tyran, der er beskrevet i Det Gamle Testamente). Men Jesu Gud var så blid. Det var denne blidhed og barmhjertighed fra Faderen, som Jesus udtrykte, da han i stedet for at dømme og ødelægge de fjender, som ville korsfæste ham, bad Faderen om at tilgive dem, "thi de ved ikke, hvad de gør".

Med Guds tålmodige hjerte så Jesus på menneskeheden som små børn, der ikke forstod. Hvis et lille barn tager en kniv og stikker dig, vil du ikke dræbe det barn som hævn. Det forstår ikke, hvad det har gjort. Når man ser på menneskeheden, som en kærlig fader ser på sine børn, og er parat til at lide for dem, så de kan modtage en smule af hans ånds solskin og kraft, så bliver man ligesom Kristus: Gud i gerning.

Kun de vise kan være virkelig barmhjertige, for med guddommelig indsigt opfatter de selv forbrydere som sjæle – Guds børn, som fortjener sympati, tilgivelse, hjælp og vejledning, når de kommer på afveje. Barmhjertighed indebærer evnen til at være hjælpsom; kun udviklede eller kvalificerede sjæle er i stand til at være praktisk og barmhjertigt nyttige. Barmhjertighed udtrykker sig i nyttighed, når den faderlige hjertesorg mildner den strenge doms ubøjelighed og tilbyder ikke blot tilgivelse, men faktisk åndelig hjælp til at udrydde fejlen hos et individ.

Den moralsk svage, som gerne ville være god, synderen (den, som forser sig mod sin egen lykke ved at lade hånt om guddommelige love), den fysisk affældige, den mentalt svækkede, den åndeligt uvidende – alle har brug for barmhjertig hjælp fra sjæle, hvis indre udvikling kvalificerer dem til at yde forstående hjælp. Jesu ord formaner den hengivne: "For at modtage guddommelig barmhjertighed skal I være barmhjertige mod jer selv ved at gøre jer selv åndeligt kvalificerede, og vær også barmhjertige mod Guds andre vildledte børn. Personer, som konstant udvikler sig selv på alle måder, og som barmhjertigt føler og lindrer manglen på alsidig udvikling hos andre, vil helt sikkert smelte Guds hjerte og selv opnå Hans uendelige og uforlignelige hjælpsomme barmhjertighed."

❖ ❖ ❖

"Salige er de rene af hjertet, thi de skal se Gud." (Matthæusevangeliet 5:8).

Den højeste religiøse oplevelse er direkte erkendelse af Gud, for hvilken hjertets renselse er påkrævet. Om dette er alle hellige skrifter enige. Bhagavad Gitaen, Indiens udødelige hellige skrift om Yoga, videnskaben om religion og forening med Gud, beskriver den velsignede tilstand og guddommelige erkendelse hos den, der har opnået denne indre renselse:

Den yogi, som fuldstændig har stilnet sindet og behersket lidenskaberne og befriet dem for alle urenheder, og som er ét med Ånden – sandelig, han har opnået den højeste salighed.

Med sjælen forenet med Ånden gennem yoga, med en opfattelse af lighed for alle ting, ser yogien sit Selv (forenet med Ånden) i alle skabninger og alle skabninger i Ånden.

Den, som opfatter Mig allevegne og som ser alting i Mig, mister Mig aldrig af syne, og Jeg mister heller aldrig ham af syne. (Bhagavad Gita VI:27, 29-30).

Fra gammel tid har Indiens *rishier* gransket sandhedens inderste kerne og beskrevet dens praktiske relevans for mennesket. Patanjali, yogavidenskabens berømte vismand, begynder sine *Yoga Sutraer* med at erklære: *Yoga chitti vritti nirodha* – "Yoga (videnskabelig forening med Gud) er at neutralisere modifikationerne af *chitta* (det indre 'hjerte' eller følelsernes kraft; en omfattende betegnelse for det samlede mentale stof, som producerer intelligent bevidsthed)." Både fornuft og følelse stammer fra denne indre evne til intelligent bevidsthed.

Min højtærede guru, Swami Sri Yukteswar, som var en af de første i moderne tid til at afsløre enheden mellem Kristi lære og Indiens *Sanatana Dharma*, skrev dybtgående om, hvordan menneskets åndelige udvikling består i renselsen af hjertet. Fra den tilstand i hvilken bevidstheden er fuldstændig vildledt af *maya* ("det mørke hjerte"), avancerer mennesket gennem de successive tilstande af det fremdrevne hjerte, det trofaste hjerte, det hengivne hjerte og opnår til sidst det rene hjerte, hvor man, som Sri Yukteswarji skriver, "bliver i stand til at forstå det Åndelige Lys, Brahma [Ånden], den Virkelige Substans i universet".[1]

Gud opfattes med sjælens syn. Enhver sjæl er i sin oprindelige tilstand alvidende og ser Gud eller Sandheden direkte gennem intuitionen. Ren fornuft og ren følelse er begge intuitive; men når fornuften er begrænset af det sansebundne sinds intellektualitet, og følelsen forfalder til egoistisk føleri, så skaber sjælens redskaber forvrængede opfattelser.

Genoprettelsen af den tabte klarhed i det guddommelige syn er formålet med denne saligprisning. Den salighed, som de helt rene af hjertet kender, er ingen anden end den, der henvises til i Sankt Johannes' evangelium: "Men alle dem, som tog imod ham, gav han magt til af blive Guds børn". Til enhver hengiven, som modtager og genspejler det allestedsnærværende Guddommelige Lys, eller Kristusbevidstheden, gennem et renset, gennemsigtigt hjerte og sind, giver Gud magten til at genvinde saligheden ved det guddommelige sønneskab, ligesom Jesus gjorde.

Åbenhed over for Sandheden kultiveres ved at befri bevidstheden, hjertets følelse og sindets fornuft, fra de dualistiske indflydelser af tiltrækning og modvilje. Virkeligheden kan ikke afspejles korrekt i en bevidsthed, som er forstyrret af sympatier og antipatier, med deres rastløse lidenskaber og begær, og de oprørte følelser, de skaber – vrede, jalousi, grådighed, lunefuld sensitivitet. Men når *chitta* – den menneskelige forstand og følelse – bliver

---

[1] Se kapitel 3, Sutraer 23-32 i *The Holy Science* af Swami Sri Yukteswar (udgivet af Self-Realization Fellowship).

stilnet af meditation, viger det normalt oprørte ego for sjælsopfattelsens sublime ro.

Renhed i intellektet giver en evnen til at ræsonnere korrekt, men renhed i hjertet giver en kontakten med Gud. Intellektualitet kommer fra fornuftens kraft, og visdom er sjælens befriende kvalitet. Når fornuften er renset af rolig skelnen, forvandles den til visdom. Ren visdom og et rent hjertes guddommelige forståelse er to sider af den samme evne. Faktisk afhænger hjertets renhed, eller følelse, som Jesus henviser til, af, at al handling styres af skelnende visdom – at tilpasse menneskelige holdninger og opførsel ved hjælp af de hellige sjælskvaliteter som kærlighed, barmhjertighed, tjeneste, selvkontrol, selvdisciplin, samvittighed og intuition. Visdommens klarsyn skal kombineres med hjertets ubesmittede følelse. Visdom afslører den retfærdige vej, og det rensede hjerte ønsker og elsker at følge den vej. Alle visdomsåbenbarede sjælskvaliteter skal følges helhjertet (ikke blot intellektuelt eller teoretisk).

Det almindelige menneskes tilslørede syn erkender stoffets grove ydre, men er blindt for den altgennemtrængende Ånd. Ved den perfekte blanding af ren skelnen og ren følelse åbnes den altafslørende intuitions gennemtrængende øje, og den hengivne opnår den sande opfattelse af Gud, som er til stede i ens sjæl og allestedsnærværende i alle væsener – den Guddommelige Beboer, hvis natur er en harmonisk blanding af uendelig visdom og uendelig kærlighed.

❖ ❖ ❖

"Salige er de, som stifter fred, thi de skal kaldes Guds børn." (Matthæusevangeliet 5:9).

De virkelige fredsstiftere, er dem, der skaber fred gennem deres hengivne udøvelse af daglig meditation. Fred er den første manifestation af Guds svar i meditation. De, som kender Gud som Fred i stilhedens indre tempel, og som tilbeder denne Fredsgud deri, er i kraft af dette forhold af guddommeligt fællesskab Hans sande børn.

Efter at have følt Guds natur som indre fred, ønsker de hengivne, at Fredsguden altid skal være manifesteret i deres hjem, i deres nabolag, i nationen, blandt alle nationaliteter og racer. Enhver, som bringer fred til en uharmonisk familie, har etableret Gud der. Enhver, som fjerner misforståelser mellem sjæle, har forenet dem i Guds fred. Enhver, som forsager national grådighed og selviskhed og arbejder på at skabe fred blandt krigsførende nationer, etablerer Gud i hjertet af disse nationer. Initiativtagerne og facilitatorerne af fred manifesterer den forenende Kristuskærlighed, der identificerer en sjæl som et Guds barn.

Bevidstheden om at være "Guds Søn" får en til at føle kærlighed til alle skabninger. De, der er Guds sande børn, kan ikke føle nogen forskel på en inder, amerikaner eller nogen anden nationalitet eller race. For en kort stund er udødelige sjæle klædt i hvide, sorte, brune, røde eller olivenfarvede legemer. Bliver folk betragtet som anderledes og fremmede, når de bærer forskellige tøjfarver? Ligegyldigt hvad ens nationalitet eller kropsfarve er, så er alle Guds børn sjæle. Faderen anerkender ingen menneskeskabte betegnelser; Han elsker alle, og Hans børn må lære at leve i den samme bevidsthed. Når mennesket begrænser sin identitet til sin intolerante menneskelige natur, giver det anledning til endeløs ondskab og krigens trussel.

Mennesker har fået potentielt ubegrænsede kræfter til at bevise, at de virkelig er Guds børn. I teknologier som atombomben ser vi, at medmindre mennesket bruger sine kræfter rigtigt, vil det ødelægge sig selv. Herren kunne brænde denne jord op på et sekund, hvis Han tabte tålmodigheden med Sine vildfarne børn, men det gør Han ikke. Og ligesom Han aldrig ville misbruge Sin almagt, så må vi, der er skabt i Hans billede, også opføre os som guder og erobre hjerter med kærlighedens kraft, ellers vil menneskeheden, som vi kender den, helt sikkert gå til grunde. Menneskets evne til at føre krig stiger, og det samme må dets evne til at skabe fred. Det bedste afskrækkelsesvåben mod krigens trussel er broderskab, erkendelsen af, at vi som Guds børn er én familie.

Enhver, der opildner til stridigheder mellem broderfolk under dække af patriotisme, er en forræder mod sin guddommelige familie – et troløst barn af Gud. Enhver, som lader familiemedlemmer, naboer eller venner blive ved med at skændes ved at fremme usandheder og sladder, eller som på nogen måde skaber uro, vanhelliger Guds tempel af harmoni.

Kristus og de store mestre har givet opskriften på fred indeni og mellem individer og nationer. Hvor længe har mennesket ikke levet i et mørke af misforståelser og uvidenhed om disse idealer. Den sande Kristusmetode til at leve kan forvise menneskelige konflikter og krigens rædsler og bringe fred og forståelse på jorden; alle fordomme og fjendskaber må falde bort. Det er udfordringen for dem, der vil være Guds fredsstiftere.

❖ ❖ ❖

"Salige er de, som er forfulgte for retfærdigheds skyld, thi Himmeriget er deres." (Matthæusevangeliet 5:10).

Guds salighed kommer til de sjæle, som med sindsro udholder torturen ved uretfærdig kritik fra såkaldte venner, såvel som fjender, fordi de gør det rigtige, og som forbliver upåvirkede af forkerte skikke eller samfundets skadelige vaner. En moralsk hengiven giver ikke efter for socialt pres om at drikke, blot fordi han tilfældigvis er til en sammenkomst, hvor der serveres cocktails, selv når andre gør nar af ham for ikke at deltage i deres fornøjelse. Moralsk retskaffenhed medfører hån på kort sigt, men fryd på lang sigt, for vedholdenhed i selvkontrol giver salighed og fuldkommenhed. Et evigt rige af himmelsk glæde, som man kan nyde i dette liv og i det hinsides, optjenes af dem, som lever og dør med den rette opførsel.

De verdslige mennesker, som foretrækker sanselige fornøjelser fremfor kontakt med Gud, er i sandhed de tåbelige, for ved at ignorere det, der er rigtigt, og derfor godt for dem, må de høste konsekvenserne. Den retfærdige hengivne forfølger det, som er gavnligt for ham i højeste forstand. En, som opgiver verdens formålsløse gøremål og med glæde modstår kortsynede venners foragt for sin idealisme, viser, at han er parat til Guds uendelige fryd.

Ovenstående vers giver også opmuntring til dem, som forfølges og plages af sanselige fristelser og dårlige vaner, når de har besluttet sig for at holde fast i moralske idealer og åndelige vaner. De er i sandhed retfærdige og følger den rette vej med selvkontrol og meditation, som med tiden vil besejre fristelser og vinde den evige glædes rige for de sejrende.

Ligegyldigt hvor stærke fristelserne er, eller hvor stærke de dårlige vaner er, kan de modstås med selvkontrollens visdomsstyrede kraft og ved at holde fast i overbevisningen om, at ligegyldigt hvilken nydelse fristelsen lover, vil den alting bringe sorg til slut. De ubeslutsomme bliver uundgåeligt

Saligprisningerne 89

hyklere, der retfærdiggør dårlig opførsel, alt imens de giver efter for fristelsens bedragelser. Guds honning, om end forseglet i et mysterium, er det, sjælen i sandhed længes efter. De, der mediterer med ufortrøden tålmodighed og vedholdenhed, bryder det mystiske segl og drikker ubundne udødelighedens himmelske nektar.

Himmelen er den tilstand af transcendental, allestedsnærværende glæde, hvor ingen sorger nogensinde tør træde. Ved standhaftig retfærdighed vil den hengivne til sidst nå den himmelske salighed, hvorfra der ikke er noget fald. Vankelmodige hengivne, som ikke er fæstnet i meditation, kan falde fra denne himmelske lykke; men de, som er resolutte, vinder denne salighed for evigt. Den Kosmiske Bevidstheds rige ejes af den Himmelske Saligheds Konge og af de ophøjede sjæle, som er forenet med Ham. Derfor siges det om hengivne, som forener deres ego med Gud og bliver ét med Universets Konge: "Himmeriget er deres."

❖ ❖ ❖

"Salige er I, når man håner og forfølger jer og lyver jer alt ondt på for min skyld.

"Glæd jer og fryd jer: jeres løn skal være stor i Himlene; thi således har man forfulgt profeterne, som var før jer." (Matthæusevangeliet 5:11-12).

Parallel henvisning:

"Salige er I, når folk hader jer og udstøder jer og håner jer og forkaster jeres navn som ondt for Menneskesønnens skyld.

"På den dag skal I fryde jer og springe højt af glæde; thi se, jeres løn er stor i Himmelen. Thi på samme måde gjorde deres fædre ved profeterne." (Lukasevangeliet 6:22-23).

De foregående vers kræver ikke, at man lejer en bande hånere for at blive egnet til himmeriget. Til trods for ens bedste anstrengelser for det gode i verden og i sig selv, vil forfølgernes pigge aldrig være fraværende, som Jesus vidste. Egoets stædige natur gør det udisciplinerende menneske utilpas og ondskabsfuldt overfor dem, der er moralsk eller åndeligt anderledes end ham selv. De splittende sataniske vrangforestillinger tirrer den selvbestaltede kritiker til altid at lede efter grunde til at nedgøre andre. Jesus opmuntrede sine følgere til ikke at blive nedtrykte eller intimiderede, hvis de i deres forsøg på at leve åndeligt opdager, at de verdslige personer ikke forstår dem. De, der kan klare sig igennem hånens prøve med godt humør og uden at give efter for forkerte måder for at "passe ind", vil opnå den lykke, der er resultatet af at holde fast i de dydige vaner, der skaber salighed.

Det bør ikke betragtes som noget stort tab, når de, der bebrejder og hader og bagvasker "udstøder jer". Personer, der på den måde afvises, er faktisk velsignede, fordi deres sjæle ved en sådan udstødelse holdes væk fra den negative indflydelse fra selskabet af personer uden forståelse og med dårlig opførsel.

De, de er åndeligt orienterede, bør aldrig blive modløse, uanset hvordan folk taler ondt om dem eller bagvasker deres gode navn ved at erklære, at de gør noget forkert. Velsignede er de, hvis navn bliver nedværdiget, fordi de ikke samarbejder med verdslig eller ond opførsel, for deres navne vil blive indgraveret i Guds tyste beundrende hjerte.

Bhagavad Gitaen (XII:18-19) udtrykker på lignende måde Herrens agtelse for sådanne hengivne: "Den, der er lige rolig overfor både venner og fjender, og når han møder tilbedelse og fornærmelse, og når han oplever varme og kulde og glæde og lidelse; den, som har opgivet tilknytninger og som betragter bebrejdelse og ros i samme lys; den, som er stille og nem at gøre tilfreds, som ikke er knyttet til familieliv, og som har et roligt temperament og er hengiven – den person er Mig kær."

Man skal følge det, som man ved er rigtigt, til trods for kritik. Enhver bør ærligt og uden egoistiske fordomme analysere sig selv; og hvis man har ret, bør man holde fast i sine glædesskabende, retfærdige gerninger uden at blive påvirket af hverken ros eller kritik. Men hvis man har uret, bør man være glad for lejligheden til at rette sin opførsel og således fjerne endnu en hindring for vedvarende lykke. Selv uretfærdig kritik vil gøre disciplen renere end før og opmuntre ham endnu mere til at følge den indre freds veje i stedet for at give efter for fristelser tilskyndet af dårligt selskab.

Det er i Guds selskab, at man forbliver velsignet. Man er nødt til at finde tid til Ham i meditationens fred. Hvorfor spilde alle sine fritidstimer på

Saligprisningerne

at gå i biografen eller se fjernsyn eller på andre ligegyldige aktiviteter? Ved at dyrke og holde fast i guddommelige vaner finder den hengive en sand tilskyndelse til at glæde sig over sin indre tilfredshed og over at vide, at han til slut vil arve den evige opfyldelses rige.

Den hengivne, som bliver kritiseret for at holde sig til sin åndelige levevis, bør ikke bilde sig selv ind, at det at blive forfulgt for Guds skyld betyder, at han gør Herren en stor tjeneste. "At blive forfulgt for min skyld" eller "for Menneskesønnens skyld" betyder, at man bliver udskældt for at holde fast i den praksis, som den hengivne har påtaget sig på opfordring af sin Kristuslignende guru for at opnå harmoni med Gud.

Jesus talte til sine disciple og følgere som deres Gudsendte guru eller frelser: "Salige er I, når I for at følge Menneskesønnen (den Kristuslignende guru og lærer, Guds repræsentant) bliver kritiseret og nedgjort, fordi I foretrækker at vandre i lyset af hans visdom, som er i harmoni med Gud, i stedet for at vakle med masserne ad verdslige stier i mørke og uvidenhed."

At blive hadet, udstødt, kritiseret eller udelukket er ikke i sig selv nogen grund til velsignelse, hvis man er moralsk eller åndeligt degenereret; men når den hengivne til trods for forfølgelse holder fast ved sandheden, som den kommer til udtryk i en Kristuslignende gurus liv og lære, så vil han være fri i evig lyksalighed. "På den dag skal I fryde jer og føle den opløftende hellige vibration af evig ny glæde; thi se, de, der vil slide og slæbe og acceptere smerte for at følge den guddommelige vej, vil blive belønnet i himmelen med evig salighed.

"De, der forfølger jer, er en fortsættelse af den række af generationer, som forfulgte profeterne. Tænk på, hvor ondt det gik disse forfædre, og tænk på, hvilken belønning i himmelen profeterne modtog fra Gud for at udholde forfølgelsen fra uvidende mennesker for Hans navns skyld. At holde fast i åndelige principper, selv hvis man må miste sin krop som fortidens martyrer gjorde, giver belønningen i form af guddommelig arv i Guds rige af Evig Fryd."

"Jeres løn skal være stor i Himlene" betegner den tilstand af evig lykke, man føler, når man stabiliserer den guddommelige kontakt med Gud, som man oplever i meditation. Den, som udfører højnende gode handlinger på jorden, vil ifølge karmaloven høste frugterne af disse gerninger enten i den indre himmel på jorden, mens man lever, eller i de overjordiske himmelske riger efter døden.

Ens forråd af god karma og åndelig vedholdenhed bestemmer ens himmelske belønning i livet eller i efterlivet. Højt udviklede sjæle, dem, som ved meditation er i stand til at opleve den evigt nye glædestilstand af Selverkendelse, og som konstant kan forblive i den indre himmelske salighed, hvor Gud bor, har en bærbar himmel med sig hvor end de går. Det åndelige øjes astrale sol begynder at afsløre den astrale himmel for deres bevidsthed, hvori der i graduerede sfærer bor ædle sjæle og helgener, befriede væsener og engle. Gradvist åbner det åndelige øjes lys sine porte og drager bevidstheden ind i stadigt højere sfærer i Himmelen: den allestedsnærværende gyldne aura af Helligåndens Kosmiske Vibration, hvori de finere kræfters mysterier findes, som præger alle regionerne af vibrerende eksistens (hvori findes "perleporten" eller indgangen til den astrale himmel gennem dens perlelignende regnbuefarvede himmelhvælving eller grænsemur); Kristushimmelen med Guds afspejlede Bevidsthed, som lader Sin intelligens skinne på skabelsens vibrerende rige; og den Kosmiske Bevidstheds højeste himmel, det evige, uforanderligt salige transcendentale Guds Rige.

Kun de sjæle, som kan fastholde deres bevidsthed i det åndelige øje gennem den jordiske tilværelse, selv under prøvelser og forfølgelser, vil i dette liv eller efterlivet indtræde i de salige tilstande i Himmelens højere regioner, hvor de mest ekstraordinært udviklede sjæle bor i den vidunderlige nærhed af Guds altbefriende tilstedeværelse.

Selvom Jesus især omtaler den store belønning, som tilfalder højt udviklede sjæle, vil selv et mindre mål af saligt samvær med Gud give en tilsvarende himmelsk belønning. De, som gør visse fremskridt og derefter går på kompromis med deres åndelige idealer eller opgiver at meditere, fordi de føler sig intimideret indadtil af den indsats, der kræves, eller bliver tilbageholdt udadtil af verdslige påvirkninger eller af kritik fra slægtninge, naboer eller såkaldte venner, mister kontakten til den himmelske lykke. Men de, som er guddommeligt standhaftige, bevarer ikke blot den salighed, de opnår ved meditation, men får dobbelt belønning, idet de oplever, at deres vedholdenhed giver anledning til stadig større opfyldelse. Dette er den psykologiske himmelske belønning, som følger af at anvende vanens lov:

Enhver, som fæstner sig i indre salighed gennem meditation, vil blive belønnet med en stadig større glæde, som vil forblive hos ham, selv når han forlader dette jordiske plan.

Den himmelske tilstand af meditativ salighed, man føler i dette liv, er en forsmag på den evigt nye glæde, som den udødeliggjorte sjæl føler i tilstanden efter døden. Sjælen bærer denne glæde ind i de sublime astrale regioner af himmelsk skønhed, hvor livtroniske blomster udfolder deres regnbueblade i æterens have, og hvor klimaet, atmosfæren, maden og beboerne er skabt af forskellige vibrationer af flerfarvet lys – et rige af forfinede manifestationer, der er mere i harmoni med sjælens essens, end jordens grovheder er.

Retfærdige mennesker, som modstår fristelser på jorden, men som ikke helt befrier sig fra vildfarelser, belønnes efter døden med et fornyende hvil i denne astrale himmel blandt de mange halvengle og halvfrelste sjæle, som fører et liv, der er langt bedre end det på jorden. Der nyder de resultaterne af deres gode astrale karma i en karmisk forudbestemt periode; hvorefter deres resterende jordiske karma trækker dem tilbage til reinkarnation i en fysisk krop. Deres "store løn" i den astrale himmel gør dem i stand til at manifestere ønskede tilstande efter behag, idet de udelukkende beskæftiger sig med vibrationer og energi, ikke med de faste egenskaber ved solide, flydende og gasformige stoffer, som de mødte under deres jordiske ophold. I den astrale himmel er møbler, besiddelser, klimatiske forhold og transport alle underlagt de astrale væseners viljekraft, som kan materialisere, manipulere og dematerialisere den finere verdens livtroniske substans efter ønske.

Fuldt forløste sjæle har ikke nogen jordiske ønsker i deres hjerter, når de forlader denne verden. Disse sjæle er for evigt fæstnet som søjler i den Kosmiske Bevidstheds bolig og reinkarnerer aldrig mere på det jordiske plan, medmindre de gør det frivilligt for at bringe jordbundne sjæle tilbage til Gud.[2]

Sådanne er Guds profeter: sjæle, som er forankret i Sandheden og som vender tilbage til jorden på Guds befaling for at vejlede andre i åndelige

---

[2] "Den, der sejrer, ham vil jeg gøre til en søjle i min Guds tempel, og han skal aldrig mere komme bort derfra" (Johannes' Åbenbaring 3:12).

levemåder ved deres eksemplariske opførsel og budskab om frelse. En profets eller frelsers åndelige tilstand er en fuldkommen forening med Gud, hvilket kvalificerer ham til at forkynde Gud på den mystiske åndelige måde. De er sædvanligvis ekstraordinære reformatorer, som viser menneskeheden ekstraordinære åndelige eksempler. De demonstrerer kærlighedens magt og overlegne indflydelse over hadet, visdommens over uvidenhedens, selv hvis det betyder martyrium. De nægter at opgive deres sandheder, uanset graden af fysisk eller psykisk forfølgelse, vanære eller falske beskyldninger; og lige så standhaftigt nægter de at hade deres forfølgere eller at bruge hævnens udvej til at standse deres fjender. De demonstrerer og bevarer Guds alttilgivende kærligheds beherskelse og tålmodighed, idet de selv er beskyttet af denne Uendelige Nåde.

Hos alle de store mestre – de, som kommer til jorden for at vise menneskeheden vejen til uendelig velsignelse eller salighedsbevidsthed – findes de guddommelige egenskaber, som blev prist af Jesus som vejen til salighed. I Bhagavad Gitaen opregner Sri Krishna grundigt disse fornødne sjælskvaliteter, som udmærker det guddommelige menneske:

(Den vise kendetegnes ved) ydmyghed, mangel på hykleri, harmløshed, tilgivelse, retskaffenhed, tjeneste for guruen, renhed i sind og krop, standhaftighed, selvkontrol;

Ligegyldighed overfor sanseobjekter, fravær af egoisme, forståelse af smerte og ondskab (iboende i det jordiske liv): fødsel, sygdom, alderdom og død;

Utilknyttethed, ikkeidentifikation af Selvet med eksempelvis ens børn, kone og hjem; konstant sindsro under ønskelige og uønskelige omstændigheder;

Urokkelig hengivenhed til Mig ved uadskillelighedens yoga, ophold på ugenerede steder, undgåelse af samvær med verdslige mennesker;

Vedholdenhed i Selvindsigt; og meditativ opfattelse af genstanden for al læring – den sande essens eller mening deri. Alle disse egenskaber udgør visdom; de modsatte egenskaber udgør uvidenhed. (Bhagavad Gita XIII:7-11).

Ved at dyrke de ovennævnte dyder kan mennesket selv i denne materielle verden leve i sjælens salige bevidsthed, som et sandt Guds barn. Han får sit eget liv og mange af dem, han kommer i kontakt med, til at stråle af den Evige Faders uendelige lys, glæde og kærlighed.

KAPITEL 8

Guddommelig kærlighed:
religionens og livets højeste mål

Og se, en lovkyndig stod op og stillede fælde for ham, idet han spurgte: "Mester! Hvad skal jeg gøre, for at jeg kan arve evigt liv?"

Da sagde han til ham: "Hvad står der skrevet i loven, hvordan læser du?"

Han svarede og sagde: "Du skal elske Herren din Gud af hele dit hjerte og med hele din sjæl og med hele din styrke og med hele dit sind, og din næste som dig selv."

Han sagde til ham: "Du har svaret rigtigt; gør dette, så skal du leve." (Lukasevangeliet 10:25-28).

Parallelt skriftsted fra Markusevangeliet:

Og en af de skriftkloge, som havde hørt deres ordskifte og lagt mærke til, at han svarede dem godt, kom til ham og spurgte ham: "Hvilket bud er det første af alle?"

Jesus svarede: "Det første er: 'Hør Israel! Herren vor Gud, Herren er én; og du skal elske Herren din Gud af hele dit hjerte, af hele din sjæl, af hele dit sind og af hele din styrke.' Et andet er dette: 'Du skal elske din næste som dig selv.' Noget andet bud større end disse gives ikke." (Markusevangeliet 12:28-31).

Hele formålet med religion – og i sandhed med selve livet – er sammenfattet i de to altafgørende bud, som Jesus nævner i disse vers. I dem ligger essensen af den evige sandhed, som kendetegner alle ægte åndelige veje, det uforanderlige imperativ, som mennesket må omfavne som en individualiseret sjæl adskilt fra Gud, hvis han vil genvinde erkendelsen af enhed med sin Skaber.

"Gør dette, så skal du leve," sagde Jesus til den lovkyndige, som havde spurgt, hvordan han kunne få evigt liv. Det vil sige: "Hvis du til fulde kan elske Gud i virkeligt samvær i daglig meditation, og ved dine gerninger vise din kærlighed til din næste (din guddommelige broder), ligesom du elsker dig selv, vil du hæve dig over den jordiske bevidsthed på det vildledende plan af liv og død og erkende den evige uforanderlige Ånd, som eksisterer indeni dig selv samt Dens allestedsnærværelse."

"På disse to bud hviler hele loven og profeterne," proklamerede Jesus til den lovkyndige nævnt i Matthæusevangeliet. Og til den skriftkloge i Markusevangeliet, som spurgte, hvilket guddommeligt bud der var det største, svarede Jesus: "Den Kosmiske Hersker og vores Beskytter, vores ene Gud, er den eneste Herre og Mester over hele skabelsen. Han skabte dig som et af Sine børn, skabt i Hans billede og med det guddommelige forhold, som Han har forordnet. Det sømmer sig for dig spontant at elske din Skaber med den kærlighed, Han har indpodet i dig – med al den guddommelige kærlighed i dit hjerte, med al din sjæls intuitive opfattelse, med al dit sinds opmærksomhed og med al styrken af din mentale beslutsomhed og fysiske energi."

Dette, erklærede Jesus, er den højeste af alle kosmiske love, som Ånden har forordnet for sjælens opløftelse og befrielse; for gennem porten til menneskets kærlighed indtræder Gud i enhed med ham, en forening, som befrier ham fra vildfarelsens trældom. At elske Gud helt og aldeles er at modtage evig tilfredshed og opfyldelse fra Ham, med frihed fra alle menneskelige begær, som uansvarligt fremprovokerer kontinuerlige fødsler og dødsfald med deres uforudsete elendighed.

Jesus roste den forståelse, som den skriftkloge udviste, og forsikrede ham om, at han var meget nær ved at opnå en høj grad af åndelig bevidsthed, fordi denne mand forstod, at det at elske Gud i Hans overhøjhed og i Hans medfødte nærhed i alle væsener er "bedre end alle brændofre og slagtofre". At tilbede Skaberen gennem ydre religiøse formaliteter er at opretholde en adskillelse mellem den tilbedende og den Tilbedte; men at elske Ham er at blive Hans ven, Hans søn og ét med Ham.

At Gud befaler, at mennesket skal elske Ham over alt andet, kan virke upassende for en almægtig Guddom. Men alle avatarer og helgener har vidst i deres hjerter, at det ikke er for at tilfredsstille et af Guds idealistiske indfald, men snarere er en nødvendighed for, at den individualiserede sjæl kan skabe en bevidst forbindelse til sit Ophav. Gud kan leve uden menneskets kærlighed; men ligesom bølgen ikke kan leve uden havet, så er det ikke muligt for mennesket at eksistere uden Guds kærlighed. Tørsten efter kærlighed i hvert menneskehjerte skyldes, at mennesket er skabt i Guds kærlighedsbillede. Så avatarerne og helgenerne opfordrer menneskeheden til at elske Gud, ikke på grund af tvang eller påbud, men fordi Hans kærligheds hav bruser bag den lille bølge af kærlighed i hvert hjerte.

En stor helgen i Indien sagde: "Klogest er den, som helhjertet søger Gud først"; for når man finder Ham, modtager man sammen med Ham alt, hvad der er af Gud. At elske Gud er at kontakte skabelsens Oprindelige Gavmildhed. Mange verdslige mennesker engagerer tåbeligt deres hjerte, sind, sjæl og fysiske styrke i jagten på penge eller menneskelig kærlighed eller jordisk magt, kun for at miste dem – hvis de da har fundet dem – i dødsøjeblikket. Den viseste brug af livet er at investere det i at søge Gud, den eneste skat, som altid tilfredsstiller og aldrig kan mistes eller formindskes.

Selvom man må elske Gud for at kende Ham, er det ligeså sandt, at man må kende Gud for at kunne elske Ham. Ingen kan elske noget, som han er helt uvidende om; ingen kan elske en person, som er ham komplet ubekendt. Men de, som mediterer dybt "kender" virkeligt, fordi de finder bevis for Guds eksistens som den evigt nye Glæde, der føles i meditation; eller den Kosmiske Lyd af *Aum* (Amen), der høres i dyb stilhed; eller den Kosmiske Kærlighed, der opleves, når man koncentrerer hengivenhed i hjertet; eller den Kosmiske Visdom, der dæmrer som indre oplysning; eller det Kosmiske Lys, der fremkalder syner af Uendeligheden; eller det Kosmiske Liv, der føles i meditation, når det lille liv er forbundet med det større Liv i alting.

Enhver hengiven, der blot én gang har følt Gud som en af Hans håndgribelige manifestationer i meditation, kan ikke lade være med at elske Ham, når han således berøres af Hans betagende egenskaber. De fleste mennesker elsker ikke rigtig Gud, fordi de ikke ved, hvor elskelig Herren er, når Han besøger den mediterende hengivnes hjerte. Denne virkelige kontakt med Guds transcendentale nærvær er mulig for dedikerede hengivne, som vedbliver med at meditere og bede sjælfuldt.

Guddommelig kærlighed: religionens og livets højeste mål 99

Der er kun ét Ophav til alle menneskets evner: Gud er Skaberen af vores kærlighed, med hvilken vi elsker; af vores sjæle, med hvilke vi gør krav på udødelighed; af vores sind og mentale processer, med hvilke vi tænker og ræsonnerer og præsterer; af vores vitalitet, med hvilken vi engagerer os i livets aktiviteter. Vi bør bruge alle disse gaver i en intens energisk indsats i meditation til at udtrykke vores kærlighed til Gud, indtil vi bevidst føler Hans responderende manifestation.

Den gennemsnitlige religionsudøver rationaliserer opfyldelsen af sin åndelige forpligtelse gennem åndsfraværende bønner eller mekaniske ritualer, eller ved at vandre omkring i teologiens og dogmernes skov. Han forsøger måske at føle kærlighed og hengivenhed for Gud i sit hjerte og at tænke på Gud, så godt han kan, når han beder; og han prøver måske at elske Gud "med hele sin styrke" ved energisk at synge, danse eller endda rulle på gulvet, som nogle sekter af "Holy Rollers" gør. Når det kommer til at elske Gud med hele sin sjæl, er han på bar bund, for han ved ikke engang, hvad sjælen er. Det eneste tidspunkt, hvor han ved noget om sin sjæl (og da kun på en ubevidst måde) er i dyb, drømmeløs søvn. I den tilstand er "styrken" eller livsenergien koblet fra de fem sanser og indadrettet; bevidstheden om sig selv som et fysisk væsen er væk. Om natten får mennesker et glimt af deres virkelige Selv, sjælen; hver morgen, når de vågner, påtager de fleste sig igen deres forkerte identitet som en dødelig mand eller kvinde.

Ydre forsøg på at følge Jesu lære giver normalt kun en smule ydre tilfredsstillelse, ikke Gudserkendelse. Men der er en indre mening med tilskyndelsen om at elske Gud af hele sit hjerte, sit sind, sin sjæl og sin styrke. Jesus brugte disse simple bibelske udtryk, men viste, at han forstod, at i dem findes hele videnskaben om yoga, den transcendentale vej til guddommelig forening gennem meditation. I Indien, hvor den åndelige forståelse havde udviklet sig i tusinder af år før Jesu tid, udarbejdede vismænd, som kendte Gud, disse idéer som en omfattende åndelig filosofi, der systematisk kunne lede de hengivne ad vejen til befrielse. Når en person gør en indsats i meditation for at lære Gud at kende ved at bruge sit hjertes oprigtighed og dybeste følelser og sin sjæls intuition og hele sit sinds koncentrationskraft og al sin indre livsenergi eller styrke, vil det helt sikkert lykkes for ham.

Det system af åndelig kultur, hvorved man lærer at "elske Gud af hele sit hjerte", er i Indien kendt som *Bhakti Yoga* – forening med Gud gennem ubetinget kærlighed og hengivenhed. *Bhaktaen* erkender, at uanset hvad der er i en persons hjerte, så er det dér, hans koncentration er – på det, han elsker. Ligesom elskerens hjerte er på den elskede, og drukkenboltens er på sin spiritus, så er den hengivnes hjerte konstant absorberet i kærlighed til sin Guddommelige Elskede.

At "elske Gud med hele sit sind" betyder med målrettet koncentration. Indien har specialiseret sig i videnskaben om at koncentrere sindet hundrede procent ved hjælp af bestemte teknikker, så den hengivne under andagten er i stand til at holde hele sin opmærksomhed på Gud. Hvis sindet, mens man beder, konstant flyver omkring til tanker om arbejde eller mad eller kropslige fornemmelser eller andre adspredelser, er det ikke at elske Gud med hele sindet. I Bibelen står der: "Bed uden ophør"; Indiens yogavidenskab giver den faktiske metodologi til at tilbede Gud med det fuldt koncentrerede sind.

At "elske Gud med hele sin sjæl" betyder at indgå i en tilstand af overbevidst ekstase, en direkte opfattelse af sjælen og dens enhed med Gud. Når ingen tanker kommer ind i sindet, men der er en bevidst alvidenhed; når man gennem intuitiv erkendelse ved, at man kan gøre hvad som helst bare ved at befale det, så er man i den udvidede tilstand af overbevidsthed. Det er erkendelsen af sjælen som Guds spejlbillede, sjælens forbindelse med Guds bevidsthed. Det er en tilstand af ubeskrivelig glæde: sjælens krystalklare opfattelse af den allestedsnærværende Ånd afspejlet som meditationens glæde.

At elske Gud med hele sin sjæl kræver den komplette stilhed af den transcendente indre tilstand. Dette kan ikke opnås, mens man beder højt, bevæger hænderne på den ene og den anden måde, synger eller chanter eller gør noget som helst andet, som aktiverer legemets sansemuskulære apparat. Ligesom kroppen og sanserne bliver ubevægelige i dyb søvn, er denne indre tilbagetrækning også karakteristisk for overbevidst ekstase – men ekstasen er meget dybere end søvnen. Ti millioner gange søvn kan ikke beskrive glæden ved den. Det er den tilstand, i hvilken man kan kende sjælen og med det sande Selv fuldt ud tilbede Ham, som er Kærligheden selv.

Guddommelig kærlighed: religionens og livets højeste mål   101

Opfyldelsen af det guddommelige bud om at elske Gud af hele sit hjerte, sit sind og sin sjæl muliggøres af den videnskab, som gør den hengivne i stand til at "elske Gud af hele din styrke". Yoga formidler den videnskab. Når man sover, er det bevidste sind inaktivt; styrken trækkes tilbage fra hjernens sansemotoriske apparat og fra musklerne og nerverne og koncentreres i det underbevidste sinds evner. Man kan ikke indtræde i underbevidsthedens søvntilstand, medmindre livskraften, som regel passivt, er afbrudt fra det bevidste sensoriske og motoriske nervesystem; og man kan ikke indgå i den overbevidste tilstand, der overskrider underbevidstheden, uden bevidst at afbryde livsenergien fra sanserne og musklerne.

Beherskelsen af livsenergien, som gør en i stand til at elske Gud af hele sin styrke, begynder med holdning (*asana*, træning af kroppen til let og uden rastløshed at opretholde den korrekte stilling til ubevægelig meditation) og åndedrætsøvelser til kontrol af livskraften (*pranayama*, teknikker til at stilne åndedrættet og hjertet). Ved en sådan metode bliver hjertet stille, hvilket effektivt slukker for energien fra sanserne og stilner det rastløse åndedræt, som holder mennesket bundet til kropsbevidstheden. Yogien er i stand til at fokusere på Gud uden kødets forstyrrende tiltrækningskraft. Sindet, som er afkoblet fra sansninger, bliver transcendentalt indadrettet (*pratyahara*). Den hengivne kan så bruge det frie sind i kærligt samvær med Gud. Når den hengivne kan elske Gud med et indadrettet koncentreret sind, begynder han at føle denne kærlighed til Gud i sit hjerte, som på udsøgt vis gennemstrømmer alle nuancer af hans følelser med Guds nærvær. Det hjerte, som er mættet af Gud, føler derefter den Elskede Herre i sjælens dybeste afkroge, hvor den lille kærlighed møder og bliver omfavnet af den Store Kærlighed. Følelsen af Gud i sjælen udvider sig til en erkendelse af Gud i Hans allestedsnærværelse (yogaens *samyama: dharana, dhyana, samadhi*).

Jesus gik meget dybt i en lære, som overfladisk set synes enkel – langt dybere end de fleste mennesker forstår. At han underviste i hele yogasystemet, den videnskabelige metode til forening med Gud, fremgår af Johannes' Åbenbaring i hemmeligheden om de syv stjerner og syv menigheder med deres syv engle og syv guldlysestager. Gudserkendelse opnås ved at åbne de "syv segl" i disse centre for åndelig opfattelse for at opnå beherskelse over alle astrale kræfter i liv og død, gennem hvilke sjælen stiger op til befrielse.

Jesus understregede, at frelse begynder med metoderne, der gør den hengivne i stand til i sandhed at elske Gud med de allerhøjeste ofringer fra hjerte, sind, sjæl og styrke. I Indiens største hellige yogaskrift, Bhagavad Gitaen, taler Herren med ord, som er parallelle med det bibelske bud, som Jesus citerede: "Lyt igen til Mit højeste ord, det mest hemmelige af alle. Fordi du er højt elsket af Mig, vil Jeg fortælle dig, hvad der er gavnligt for dig. Lad dit sind blive opslugt i Mig; bliv Min hengivne; overgiv alle ting til Mig; bøj dig for Mig. Du er Mig kær, så i sandhed lover Jeg dig: Du skal opnå Mig!"

❖ ❖ ❖

Det Første Bud fører den hengivne ind i efterlevelsen af den anden store åndelige lov, "som er dette ligt". Når man stræber efter at føle Gud indeni, har man også pligt til at dele sin oplevelse af Gud med sine naboer: "Du skal elske din næste (alle racer og skabninger overalt, som man kommer i kontakt med) som dig selv (som du elsker din egen sjæl) – fordi du ser Gud i alle." Menneskets næste er manifestationen af hans større Selv eller Gud. Sjælen er et spejlbillede af Ånden, et spejlbillede, som er i ethvert væsen og i det vibrerende liv i alle levende og livløse kosmiske former. At elske forældre, slægtninge, kolleger, landsmænd, alle jordens racer, alle skabninger, blomster, stjerner, der lever i ens bevidstheds "nabolag" eller rækkevidde, er at elske Gud i Hans mangeartede håndgribelige manifestationer. De personer, der endnu ikke er i stand til at elske Gud som Hans subtile udtryk i meditation, kan pleje deres kærlighed til Ham, som den manifesterer Sig i naturen og i alle væsener, de på nogen måde kommer i kontakt med eller fornemmer.

Det er Gud, som bliver faderen for at beskytte barnet, moderen for at elske barnet betingelsesløst og vennerne for at hjælpe den inkarnerede sjæl uden at være begrænset af familieinstinkter. Det er Gud, som er blevet til den smukt pyntede jord med dens baldakin af stjerner for at fornøje Sine børn med undere. Det er Ham, som er blevet til maden og åndedrættet og de livsfunktioner, som opretholder de mange menneskelige former. Når Guds immanens gennemtrænger forståelsen, vækker det mennesket til dets pligt og privilegium til at tilbede Gud i sig selv (gennem meditation), og i alle væsener og ting i universet (gennem kærlighed til sine medmennesker indenfor sit kosmiske hjem).

Selv helgener, som elsker Gud i transcendental ekstase i meditation, finder først fuld forløsning, når de har delt deres guddommelige erkendelse ved at elske Gud, som Han manifesterer Sig i alle sjæle i deres sjæls allestedsnærværende nabolag.

Opmuntret af kærlighed til Gud i meditation, kan man bedst begynde sjælens naboskab ved at række ud i hjælpsomhed til personer, som er udenfor ens familie, men dog nærmere end verden i almindelighed. Folk foretrækker instinktivt at give til deres familier frem for til fremmede; og idéen om "verden" er i sig selv et fjernt og abstrakt begreb. Men når en person kun lever for sig selv og de få udvalgte, han vælger at favorisere som sine egne, snærer han udvidelsen af sit liv, og fra et åndeligt synspunkt lever han slet ikke. Når en person derimod udvider sin sympati og omsorg fra bevidstheden om "os fire og ikke flere" til sine naboer og til verden, flyder hans lille liv ind i Guds større liv og bliver det Evige Liv – den anden forudsætning for at svare på det spørgsmål, som den lovkyndige stillede til Kristus, "Hvad skal jeg gøre, for at jeg kan arve evigt liv?"

De fleste mennesker lever bag selviskhedens snævre mure og føler aldrig pulsen fra Guds universelle liv. Enhver, som lever uden at vide, at hans liv kommer fra det evige liv, som udelukkende lever en materiel tilværelse, dør og reinkarnerer uden at huske tidligere liv, har ikke rigtig levet. Hans jordiske bevidsthed vandrede gennem illusoriske drømmeoplevelser, men hans sande Selv, sjælen, vågnede aldrig for at udtrykke sin guddommelige natur og udødelighed. I modsætning hertil lever enhver hengiven, som ved meditation erkender det evige liv bag sit jordiske liv, for evigt og mister aldrig sin bevidste eksistens i dødsøjeblikket eller fra en inkarnation til en anden eller i evigheden af sjælens frihed i Gud.

Helgener og vismænd, som opfylder de to største bud, er ikke længere underlagt disciplinen i andre bud, for når man elsker Gud i transcendental meditation og som manifesteret i andre, bliver retfærdigheden i alle kosmiske love automatisk opfyldt. I den hengivne, der har kontakt med Gud, virker den Kosmiske Lovs Skaber som en naturlig intuitiv godhed, som altid holder ham i harmoni med Guds universelle love. Årtusinders mørke, der har samlet sig om sjælen, kan gradvist forjages af de små flammer fra overholdensen af utallige regler om opførsel. Men når Guds altgennemtrængende lys besøger sjælen gennem hjertets, sindets og styrkens højeste anstrengelse, er mørket ikke længere; fremkomsten af det Store Lys opsluger det flimrende skær af disciplinerede gerninger. Derfor er det at elske Gud gennem uafbrudt bøn og meditation, og at elske Gud gennem fysisk, mental og åndelig tjeneste for Hans manifestation i ens universelle familie af medmennesker, støtten og essensen af alle andre love om menneskelig opførsel og frigjorte liv.

❖ ❖ ❖

En genfødsel af at elske Gud og elske sin næste, som Jesus Kristus opfordrede til, ville bringe en ånd af enhed, som kunne hele verdens sorger.

Kun ved fællesskab med Gud vil der komme harmoni og fællesskab på jorden. Når man virkelig opfatter den Guddommelige Tilstedeværelse i sin egen sjæl, bliver man inspireret af kærlighed til sin næste – jøde og kristen, muslim og hindu – i bevidstheden om, at ens sande Selv og alle andres Selv i lige høj grad er sjælsafspejlinger af den ene uendeligt elskelige Gud. Utopiske sociale og politiske dagsordner vil ikke være til megen gavn i længden, før menneskeheden lærer den evige videnskab, hvormed tilhængere af enhver religion kan lære Gud at kende i enheden af sjælens og Åndens fællesskab.

At overholde "det første bud", som Jesus nævner, er den centrale pligt i menneskets liv, og det underordner og underlægger de utallige krævende ansvar, som mennesket samler om sig. Jesus støttede den bibelske befaling om at "Ære din fader og din moder", men elsk Gud over alt andet. Fader, moder, venner, elskede er gaver fra Gud. Elsk den Ene Kærlighed, som skjuler Sig bag alle blide masker. Elsk Ham først og fremmest, ellers vil Han besøge hjertet utallige gange og slippe væk ugenkendt og uønsket.

At være sammen med Gud nu er af den yderste vigtighed. Hans kærlighed er det eneste lys i liv og død. Tiden bør udnyttes bedst muligt; hvorfor skulle man ikke bruge den til at genvinde enheden med Universets Skaber, vores Uendelige Fader?

KAPITEL 9

Guds rige inden i dig

Da han engang blev spurgt af farisæerne om, når Guds rige kommer, svarede han dem og sagde: "Guds rige kommer ikke således, at man udvortes kan iagttage det. Ej heller vil man kunne sige: 'Se her!' eller: 'Se, dér er det!' thi se, Guds rige er inden i jer." (Lukasevangeliet 17:20-21).

Jesus taler til mennesket som den evige søger af varig lykke og frihed fra al lidelse: "Guds rige – af evig, uforanderlig, bestandigt ny salig Kosmisk Bevidsthed – er inden i dig. Se din sjæl som et spejlbillede af den udødelige Ånd, og du vil opdage, at dit Selv omfatter det uendelige rige af Gudskærlighed, Gudsvisdom, Gudssalighed, som eksisterer i hver eneste partikel af den vibrerende skabelse og i det vibrationsløse Transcendentale Absolutte."

Jesu lære om Guds rige – sommetider i direkte sprog, sommetider i lignelser fyldt med metafysisk mening – kan siges at være kernen i hele hans budskab. Evangeliet fortæller, at helt i begyndelsen af hans offentlige virke "drog Jesus til Galilæa og prædikede Guds evangelium". Hans formaning om "først at søge Guds rige", er central i hans Bjergprædiken. Den eneste bøn, han vides at have givet sine disciple, bønfalder Gud: "komme Dit rige". Igen og igen talte han om den Himmelske Faders rige og metoden til at opnå det:

"Ingen kan komme ind i Guds rige, hvis han ikke bliver født af vand og Ånd."

"Kæmp I for at komme igennem den snævre port; thi mange, siger jeg jer, skal søge at komme ind og ikke formå det."

"Ingen er steget op til Himmelen, undtagen han, som steg ned fra Himmelen, Menneskesønnen, som er i Himmelen. Og ligesom Moses ophøjede slangen i ørkenen, sådan må Menneskesønnen ophøjes."

"Og hvis dit øje forarger dig, så riv det ud! Det er bedre for dig at gå enøjet ind i Guds rige end med begge øjne i behold at kastes i Helvede."

"Jeg er døren; om nogen går ind gennem mig, han skal blive frelst; og han skal gå ind og gå ud og finde føde."

"Jeg er vejen og sandheden og livet; ingen kommer til Faderen uden ved mig."[3]

Tilsammen giver disse og Jesu andre erklæringer om Guds rige en omfattende forståelse af det enkle udsagn i disse vers om at Guds rige ikke kan findes ved "iagttagelse" – brug af de materielt indstillede syns-, høre-, smags-, lugte- og følesanser – men ved at man gennem den indre bevidsthed opfatter den Guddommelige Virkelighed "inden i jer".

"Guds rige kommer ikke ved brug af sanserne; de, der siger 'Se, det er her eller der et sted i skyerne' kan heller ikke finde det. Koncentrer dig i stedet om dit indre og du vil finde Gudsbevidsthedens sfære skjult bag din materielle bevidsthed."

Mange mennesker forestiller sig at himmelen har en fysisk beliggenhed; et sted i rummet langt over atmosfæren og hinsides stjernerne. Andre fortolker Jesu erklæringer om Guds riges komme som en henvisning til en Messias' komme for at etablere og herske over et guddommeligt rige på jorden. I virkeligheden består Guds rige og himmeriget af henholdsvis den Kosmiske Bevidstheds transcendentale uendeligheder og de himmelske kausale og astrale områder af vibrerende skabelse, som er betydeligt finere og mere i harmoni med Guds vilje end de fysiske vibrationer, der er sammenklyngede som planeter, luft og jordiske omgivelser.

Materielle genstande, der opfattes som syns-, høre-, lugte-, smags- og berøringssansninger, består af et sammenspil af kræfter, som opstår og eksisterer hinsides den menneskelige bevidstheds opfattelsesevne. Den første oprindelse til alle materielle former og materielle vibrationer findes i Kosmisk Bevidsthed. Stof er kondenseret fysisk energi; fysisk energi er kondenseret astral energi; og astral energi er Guds kondenserede prototypiske tankekraft. Derfor ligger Kosmisk Bevidsthed skjult indeni og bag lagene af stof, fysisk energi, astral energi og tanke eller bevidsthed.

---

[3] Den dybere metafysiske mening med alle disse vers og deres betydning for yogavidenskaben forklares indgående i *The Second Coming of Christ: The Resurrection of the Christ Within You*.

Guds rige inden i dig

Hvad der gælder i makrokosmosset, gælder også i det menneskelige legemes mikrokosmos: Kosmisk Bevidsthed, som er kendetegnet ved evig ny glæde og udødelighed, er skaberen af den menneskelige bevidsthed og ligger som sådan indeni den. Individuelle sjæle blev undfanget af den uendelige Kosmiske Bevidsthed; disse individualiserede idéskabninger af Guds tanke blev indhyllet i to yderligere lag af ydre manifestation ved kondensering af magnetiske kausale bevidsthedskræfter til et astralt legeme af lysende livsenergi og det jordiske legeme af kød og blod.

Guds rige er således ikke adskilt fra materiens rige, men er både indeni det – fordi det gennemtrænger det i subtil form som dets oprindelse og opretholder – og hinsides det, fordi det eksisterer i Faderens uendelige boliger hinsides det begrænsede fysiske kosmos.[4]

Det er derfor, Jesus sagde, at det er nytteløst at lede efter himmelen med bevidstheden koncentreret om materielle vibrationer – identificeret med kropslige følelser og fornøjelser og jordiske bekvemmeligheder. I materiens og kropsbevidsthedens rige finder mennesket sygdom og mental og fysisk lidelse; men når man vender sig indad til det indre rige, finder man Trøsteren, Helligånden eller den Kosmiske Vibration *Aum*, som manifesterer Sig i de fine cerebrospinale centre for åndelig bevidsthed. At blive båret af den udadgående strøm af materiel bevidsthed er at blive ført ufrivilligt ind i hades, Satans rige – riget af jordiske tilknytninger og den dødelige krops begrænsninger; at følge bevidsthedens indadflydende strøm

---

[4] "Hvis de, der leder jer, siger 'Se! Riget er i himmelen', så vil himmelens fugle komme før jer. Hvis de siger til jer 'Det er i havet', så vil fiskene komme før jer. Men riget er indeni jer, og det er udenfor jer. Hvis I vil kende jer selv, så vil I blive kendt, og I vil erkende, at I er børn af den levende Fader. Men hvis I ikke kender jer selv, så lever I i fattigdom, og I er fattigdom." (Thomasevangeliet, vers 3).

Hans disciple sagde til ham: "… Hvornår kommer den nye verden?" Han sagde til dem: "Det, I ser frem til, er kommet, men I ved det ikke." (Thomasevangeliet, vers 51).

Jesu disciple sagde til ham: "Hvornår vil riget komme?" Jesus svarede: "Det kommer ikke ved at vente på det. Folk vil ikke sige 'Se! Her er det!' eller 'Der er det!' Men Faderens rige er spredt ud over jorden, og folk ser det ikke." (Thomasevangeliet, vers 113). *(Udgiverens note)*

ved at meditere på *Aum*, er at nå Guds salige rige, der eksisterer bagved det fysiske væsens uigennemskuelige forhindring.[5]

Samvær med den hellige Trøster fører til modtagelighed for Kristusbevidstheden, som er til stede i legemet som den evigt fuldkomne sjæl. Gennem dybere samvær med Kristusbevidstheden kommer erkendelsen af sjælens enhed med den allestedsnærværende Ånd – det lille Selv, der udvider sig til sit uendelige Selv for at omfatte det endeløse guddommelige rige af evigt eksisterende, evigt bevidst, evigt ny Salighed.

For enhver kropsbegrænset sjæl venter Guds rige på at blive opdaget af dem, som går dybt i meditation for at overskride den menneskelige bevidsthed og nå de successivt højere tilstande af overbevidsthed, Kristusbevidsthed og Kosmisk Bevidsthed. De, der mediterer dybt og koncentrerer sig intenst i deres tilstand af stilhed eller neutraliserede tanker, trækker deres sind tilbage fra synets, lydens, lugtens, smagens og berøringens materielle objekter – fra alle kroppens følelser og forstyrrende mental rastløshed. I denne fokuserede indre stilhed finder de en usigelig følelse af fred. Fred er det første glimt af Guds indre rige.

Hengivne, som med deres vilje således kan vende deres sind indad og koncentrere sig fuldt ud i den resulterende fredfyldthed, vil helt bestemt finde adgang til Gudsbevidsthedens rige. Denne erkendelse udfolder sig gradvist som allestedsnærværelse, alvidenhed, evigt ny lykke og syner af det evige lys' riger, i hvilke alle befriede sjæle bevæger sig i Gud og materialiserer sig og dematerialiserer sig selv efter ønske. Ingen kan indtræde i denne himmel af Kosmisk Bevidsthed, medmindre de gennem porten af hengiven koncentration og meditation kan trænge dybt ind i deres egen bevidsthed.

---

[5] Blandt de ikke-kanoniske evangelier, der har overlevet fra de tidligste år af den kristne æra, findes et fragmentarisk manuskript kendt som "Frelserens dialog", nedskrevet omkring år 150 e.Kr. og tabt indtil opdagelsen af Nag Hammadi-manuskripterne i 1945. Oversættelsen i *The Complete Gospels: Annotated Scholar's Version* indbefatter denne passage (14:1-4):
    Matthæus sagde: "Herre, jeg ønsker at se det sted i livet ... hvor der ikke er ondskab, men udelukkende lys."
    Herren sagde: "Broder Matthæus, du vil ikke være i stand til at se det, så længe som du er af kød."
    Matthæus sagde: "Herre, selvom jeg ikke kan se det, så lad mig kende det."
    Herren sagde: "De, der har kendt sig selv, har set det." *(Udgiverens note)*

Guds rige inden i dig

Det er derfor, at Jesus utvetydigt sagde: "Guds rige er inden i jer", det vil sige inden i de transcendentale tilstande af jeres sjæls opfattelser.

Der er en smuk overensstemmelse imellem Jesus Kristi lære om at komme ind i "Guds rige inden i jer" og læren om yoga, som Herren Krishna fremsætter i Bhagavad Gitaen for at genoprette Kong Sjæl, Guds afspejling i mennesket, til dens retmæssige herredømme over kroppens rige, med fuld erkendelse af sjælens guddommelige bevidsthedstilstande. Når mennesket er bofæstet i den guddommelige bevidstheds indre rige, gennemtrænger sjælens vågnede intuitive opfattelse materiens, livsenergiens og bevidsthedens slør og afdækker Guds essens i altings hjerte.

Han bebor verden, omslutter alt – allevegne, Hans hænder og fødder; til stede på alle sider, Hans øjne og ører, Hans munde og hoveder;

Skinner i alle sanseevnerne, og overskrider dog sanserne; ikke knyttet til skabelsen, dog den Bærende Kraft i alt; fri for gunaerne (naturens modaliteter), dog Den, der Nyder dem.

Han er indeni og udenfor alt, hvad der eksisterer, det levende og det livløse; nær er Han, og fjern; ufattelig på grund af Sin finhed.

Han, den Udelelige Ene, fremtræder som utallige væsener; Han opretholder og ødelægger disse former, og skaber dem så på ny.

Lyset af Alt Lys, hinsides mørket; Kundskaben selv, Det, som skal vides, Målet for al lærdom, Han sidder i alles hjerter. (Bhagavad Gita XIII:13-17).

Raja Yoga, den kongelige vej til forening med Gud, er videnskaben om virkelig erkendelse af Guds rige, som ligger inden i en selv. Ved udøvelse af de hellige yogateknikker for indadrettethed, som man modtager ved indvielse fra en sand guru, kan man finde dette rige ved at vække de astrale og kausale centre for livskraft og bevidsthed i rygraden og hjernen, som er portene til de himmelske egne af transcendental bevidsthed. Den, der opnår en sådan opvågning, kender den allestedsnærværende Gud i Hans Uendelige Natur og i sjælens renhed, og selv i de falske skalkeskjul af foranderlige materielle former og kræfter.

Patanjali, Indiens fremmeste eksponent for *Raja Yoga* fra gammel tid, beskrev otte skridt, som skal følges for at stige op i Guds indre rige.

1. *Yama*, moralsk opførsel: at afholde sig fra at skade andre, usandhed, tyveri, hæmningsløshed og begærlighed.

2. *Niyama*: renhed i krop og sind, tilfredshed under alle omstændigheder, selvdisciplin, selvstudie (kontemplation) og hengivenhed til Gud.

Disse første to trin giver selvkontrol og sindsro.

3. *Asana*: at disciplinere kroppen, så den kan indtage og opretholde den korrekte stilling til meditation uden træthed eller fysisk og mental rastløshed.

4. *Pranayama*: teknikker til kontrol af livskraften, som beroliger hjertet og vejrtrækningen og fjerner sanselige distraktioner fra sindet.

5. *Pratyahara*: evnen til komplet mental indadrettethed og stilhed som følge af, at sindet trækkes tilbage fra sanserne.

6. *Dharana*: evnen til at bruge det indadrettede sind til at blive fuldt ud koncentreret om Gud i et af Hans aspekter, hvorigennem Han åbenbarer Sig for den hengivnes indre opfattelse.

7. *Dhyana*: at gøre meditationen dybere ved intens koncentration (*dharana*), som giver opfattelsen af Guds storhed, Hans egenskaber som manifesteret i Hans endeløse udvidelse af Kosmisk Bevidsthed.

8. *Samadhi*, forening med Gud: den fulde erkendelse af sjælens enhed med Ånden.

Alle hengivne kan finde døren til Guds rige ved at koncentrere sig om det åndelige øje, Kristusbevidsthedscentret i punktet mellem øjenbrynene. Lang og dyb meditation som anvist af en sand guru gør det muligt gradvist at omdanne den materielle krops bevidsthed til astrallegemets, og med den astrale opfattelses opvågnede evner intuitivt at opleve dybere og dybere bevidsthedstilstande, indtil man når til enhed med bevidsthedens Kilde. Når man går ind gennem det åndelige øjes dør, efterlader man al tilknytning til stof og den fysiske krop og får adgang til de indre uendeligheder i Guds rige.

Vævene i det fysiske legeme består af celler; vævet i det astrale legeme består af livtroner – intelligente enheder af lys eller livsenergi. Når mennesket er i en tilstand af tilknytning til kroppen, karakteriseret ved spænding eller sammentrækning af livsenergi i atomiske komponenter, bliver astrallegemets livtroner sammenpresset, begrænset af identifikation med den fysiske form. Ved metafysisk afspænding begynder den livtroniske struktur at udvide sig – kødets greb om ens identitet løsnes.

Ved dybere og dybere meditation udvider det astrale selvs legeme af energi sig udover det fysiske legemes begrænsninger. Det livtroniske legeme, som hører til og eksisterer i en sfære, der ikke er hæmmet af den tredimensionale fysiske verdens vrangforestillinger, har potentialet til at blive ét med den Kosmiske Energi, som gennemtrænger hele universet. Gud som Helligånd, Hellig Vibration, er den Kosmiske Energis Lys; mennesket, som er skabt i Guds billede, består af dette lys. Vi er dette Lys i en sammenpresset tilstand, og vi er dette Lys i vores Universelle Selv.

Som et første skridt mod at komme ind i Guds rige bør den hengivne sidde stille i den korrekte meditationsstilling, med rank rygrad, og spænde og slappe af i kroppen – for ved afspænding bliver bevidstheden løsnet fra musklerne. Yogien begynder med korrekt dyb vejrtrækning, ved at indånde og spænde hele kroppen, og så udånde og slappe af flere gange. Ved hver udånding skal alle muskelspændinger og bevægelser fordrives, indtil en tilstand af kropslig stilhed er opnået. Derefter fjernes rastløse bevægelser fra sindet ved hjælp af koncentrationsteknikker. I kroppens og sindets fuldkomne stilhed nyder yogien den usigelige fred i sjælens nærvær. Legemet er livets tempel; sindet er lysets tempel; sjælen er fredens tempel. Jo dybere man går ind i sjælen, jo mere føler man denne fred; dette er overbevidsthed. Når den hengivne ved hjælp af dybere meditation udvider denne bevidsthed om fred og føler, at hans bevidsthed spreder sig med den over hele universet, at alle væsener og hele skabelsen opsluges af denne fred, så træder han ind i Kosmisk Bevidsthed. Han føler denne fred allevegne – i blomsterne, i hvert eneste menneske, i atmosfæren. Han ser jorden og alle verdener flyde som bobler i dette hav af fred.

Den indre fred, som den hengivne først oplever i meditation, er hans egen sjæl; den større fred, han føler ved at gå dybere, er Gud. Den hengivne, som oplever enhed med alt, har etableret Gud i templet for sin uendelige indre opfattelse.

I stilhedens tempel, i fredens tempel,
Vil jeg møde Dig, vil jeg røre Dig, vil jeg elske Dig!
Og lokke Dig til fredens alter i mig.

I *samadhiens* tempel, i salighedens tempel,
Vil jeg møde Dig, vil jeg røre Dig, vil jeg elske Dig!
Og lokke Dig til salighedens alter i mig.[6]

Når rastløse tanker er blevet bortjaget, bliver sindet automatisk forvandlet til et helligt tempel for fred. Gud giver Sig til kende i stilhedens tempel og derefter i fredens tempel. Den hengivne møder Ham først som fred, der strømmer ud af den mentale tilstand, i hvilken alle tanker er blevet forvandlet til ren intuitiv følelse. Man rører Herren med sit hjertes kærlighed og føler Ham som glæde; ren kærlighed lokker Gud til at manifestere Sig på fredsopfattelsens alter. Den opadstigende hengivne føler ikke blot Gud i meditation, men holder Ham altid på fredens alter i sit hjerte.

I *samadhi*-templet, enheden med den fred, som er Guds første manifestation i meditation, finder den hengivne en tilstand af evig ny salighed, en glæde, som aldrig bliver kedelig. Salighed er en meget dybere tilstand end fred. Som en stum person, der drikker nektar, men ikke kan beskrive den ambrosiske smag, således bevæger salighedens henrykkelse, der findes i *samadhiens* tempel, den, der oplever den, til tavs veltalenhed. Kun denne fryd kan tilfredsstille menneskehjertets medfødte længsel. I tålmodig, vedholdende meditation, dag efter dag, år efter år, forlanger den hengivne kærligt af sin Herre: "Kom til mig som glæde i *samadhi*-enhed, og bliv for evigt i mit hjerte på salighedens alter!" Når vi i vores hjerter, i harmoni med hjerterne hos alle, som elsker Gud i stilhedens og salighedens indre tempel, fryder os over glæden fra vores ene Elskede, er denne forenede glæde et vidtstrakt Guds alter.

---

[6] Fra *Cosmic Chants: Spiritualized Songs for Divine Communion* af Paramahansa Yogananda (udgivet af Self-Realization Fellowship).

Guds rige inden i dig

Det påhviler mennesket som sjæl at praktisere denne indre stilhed; at finde Gud nu. I brugen af sanserne, midt i dagliglivets udfordringer, fastholder den hengivne denne bevidsthed: "Jeg sidder på fredens trone i indre stilhed." Midt i aktiviteterne forbliver han rolig i sit indre: "Jeg er stilhedens gud, som sidder på tronen for hver gerning." Hans ligevægt forstyrres ikke af urolige følelser: "Jeg er stilhedens prins, som sidder på ligevægtens trone." Hans indre Selv, som er ét med evigheden, fryder sig i livet og døden: "Jeg er udødelighedens konge, som regerer på stilhedens trone. Kroppens ødelæggelse, forvildelsens fornærmelser mod sjælen, rastløshedens påtrængenhed, livets prøvelser – det er kun dramaer, jeg spiller med i og ser som guddommelig underholdning. Jeg spiller måske et lille stykke tid; men fra min stilheds indre tilflugtsted betragter jeg altid livets udfoldende manuskript med udødelighedens rolige glæde."

De kristne helgeners "yoga"

Paramahansa Yogananda skrev: "En tro på Helligånden er én ting; virkelig kontakt med Helligånden er noget andet! I forgangne århundreder har store helgener som Frans af Assisi og Teresa af Avila kendt kunsten at komme i kontakt med Helligånden og Kristusbevidstheden og den Kosmiske Bevidsthed – den treenige Enhed – ved indadrettet, intens, ren hengivenhed."

I sine mesterværker *The Way of Perfection* og *The Interior Castle* giver den berømte mystiker Sankt Teresa af Avila en systematisk beskrivelse, ud fra sin egen personlige erfaring, af de indre tilstande af samvær med Gud. Disse svarer stort set nøjagtigt til de trinvist højere bevidsthedstilstande, som forklares i Indiens århundredgamle, universelle sjælsvidenskab om yoga.

Den oplyste mystiker Sankt Johannes af Korset (samtidig med og ven af Teresa af Avila) taler om sine egne oplevelser af Gud som Helligånden i vers 14 og 15 af sin sublime *Spiritual Canticle*. Sankt Johannes forklarer symbolikken ved at beskrive de "brusende strømme" som "en åndelig lyd og stemme, der overdøver alle andre lyde og stemmer i verden ...

"Denne stemme, eller denne mumlende lyd fra vandene, er en overflod så rigelig, at den fylder sjælen med godhed, og en kraft så mægtig, at den ikke kun synes at være lyden af mange vande, men en meget høj brølen fra torden. Men stemmen er en åndelig stemme, ikke ledsaget af materielle lyde eller smerten og pinen ved dem, men snarere med majestæt, kraft, magt, fryd og pragt: det er så at sige en stemme, en uendelig indre lyd, som forlener sjælen med kraft og magt. Apostlene hørte denne stemme i ånden, da Helligånden steg ned til dem med en lyd 'som af et vældigt åndepust', som vi læser i Apostlenes Gerninger." ...

I *Mysticism* (del 1, kapitel 4) skrev Evelyn Underhill: "Det er et af de mange indirekte vidnesbyrd om mysticismens objektive virkelighed, at stadierne på denne vej, psykologien i den åndelige opstigning, som forskellige skoler af hengivne beskriver for os, altid præsenterer praktisk talt den samme rækkefølge af tilstande. 'Skolen for helgener' har aldrig fundet det nødvendigt at opdatere sit pensum.

"Psykologen har for eksempel ikke svært ved at forene 'grader af bøn', som beskrevet af Sankt Teresa – erindring, stilhed, forening, ekstase, betagelse, 'Guds smerte' og sjælens åndelige ægteskab – med de fire former for meditation optegnet af Hugo fra Sankt Victor, eller sufiernes 'syv stadier' af sjælens opstigning til Gud, som begynder med tilbedelse og ender med åndeligt ægteskab. Selvom hver vejfarende kan vælge forskellige pejlemærker, er det tydeligt ud fra deres sammenligning, at vejen er én." *(Udgiverens note)*

Hvis man gennem meditation bliver ved med at banke på stilhedens dør, vil Gud svare: "Kom ind. Jeg hviskede til dig gennem alle naturens forklædninger; og nu siger Jeg til dig, at Jeg er Glæden – den levende Glædeskilde. Bad i Mine vande – vask dine vaner væk, rens dig for frygt. Jeg drømte en smuk drøm for dig; men, Mit barn, du gjorde den til et mareridt." Gud ønsker, at Hans børn ikke længere skal være fortabte sønner, men spille deres roller i livet som udødelige, så de, når de forlader denne jords scene, kan sige: "Fader, det var god underholdning, men nu er jeg parat til at komme Hjem."

Det er en synd mod Selvets guddommelige natur at tro, at der ikke er nogen chance for at blive lykkelig, at opgive alt håb om at opnå fred – det

Guds rige inden i dig

må afsløres som psykologiske vildfarelser, der skyldes Satans indblanding i menneskesindet. Uendelig lykke og fred er altid inden for rækkevidde, lige bag skærmen af menneskets uvidenhed. Hvordan kan det være muligt for nogen for evigt at være udelukket fra Guds rige, når man har det guddommelige rige lige inden i sig? Det eneste, man skal gøre, er at vende sig fra ondskabens mørke og følge godhedens lys.

Lykken er lige så nær som ens eget Selv; det er ikke engang et spørgsmål om at opnå den, men kun om at løfte uvidenhedens slør, som indhyller sjælen. Alene ordene "at opnå" antyder noget, man ønsker, men ikke har – en metafysisk fejltagelse. Salighed er enhver sjæls uigenkaldelige fødselsret. Bortriv det forstyrrende slør, og straks er der kontakt med den højeste lykke. Ånden er lykken. Sjælen er Åndens rene spejlbillede. Det kropsbundne menneske opfatter det ikke, fordi hans bevidsthed er fordrejet: Hans sinds sø er ustandseligt oprørt af indtrængende tanker og følelser. Meditation stilner følelsernes (*chitta*) bølger, så Guds afspejling som den frydefulde sjæl klart spejles indeni.

De fleste begyndere på vejen til Guds indre rige oplever, at deres meditation er fanget i rastløshed. Det er Satans hule. Den hengivne må undslippe ved stadig udøvelse af yoga og hengivenhed. "Når som helst det lunefulde og rastløse sind vandrer væk – uanset årsagen – så må yogien trække det væk fra disse distraktioner og føre det tilbage til Selvets fulde kontrol ... Sindet er uden tvivl lunefuldt og uregerligt; men ved udøvelse af yoga og lidenskabsløshed, O Arjuna, kan sindet ikke desto mindre beherskes. Dette er Mit ord: Yoga er vanskeligt at opnå for det udisciplinerede menneske; men den, som er selvkontrolleret, kan, med udøvelse af de rette metoder, opnå det."

Vanen med indvendigt at være i Guds fredfyldte nærvær skal udvikles, så denne bevidsthed dag og nat vil forblive urokkelig. Det er umagen værd; for at leve i bevidstheden om Gud er at gøre sig fri af sygdommens, lidelsens og frygtens slaveri. Vær blot sammen med Gud; det er livets et og alt. Hvis man bestemmer sig for aldrig at lægge sig til at sove om aftenen uden at meditere og føle det Guddommelige Nærvær, vil der komme en lykke ind i ens liv udover al forventning. Anstrengelse er nødvendig, men denne anstrengelse vil gøre en til en konge, der sidder på tronen i fredens og glædens rige. Tid brugt på at forfølge ligegyldige materielle ting er spild af menneskets værdifulde muligheder for at kende Gud. Jeg fortæller dig dette fra mit hjerte: Velsignet er han, som beslutter sig for aldrig at hvile, før han har fundet Gud.

En uafhængig indre lykke, der ikke er betinget af nogen ydre påvirkning, er et klart bevis på Guds imødekommende nærvær. Fremskridt i det guddommelige samvær kommer kun ved at meditere med regelmæssighed og med dyb koncentration og hengivenhed. Hver dags meditation skal være dybere end gårsdagens. Den hengivne, som gør den guddommelige søgen til sit altoverskyggende ansvar, finder evig sikkerhed i Guds rige; ingen rystelser fra problemer eller prøvelser kan krydse tærsklen til hans helligdom af stilhed, hvor ingenting har adgang udover den salige, alkærlige Fader-Moder Gud.

Den, der finder "den Højestes skjul" i sig selv, bliver badet i den allerhøjeste lykke og guddommelige sikkerhed.[7] Uanset om han er blandt venner eller sover eller arbejder, forbeholder han dette sted for Gud. Med sin bevidsthed forankret i Herren ser han, at *mayas* koncentriske slør pludselig løfter sig; med fryd ser den hengivne, at Gud leger skjul med ham i blomsterne, og stjernerne, som skinner med et stærkere lys, og himmelen, som smiler med det Uendelige. Når hans øjne er åndeligt åbne, ser den hengivne det Uendeliges øjne, som kigger på ham gennem alles øjne. Bag alles venlige eller uvenlige stemmer hører han det Uendeliges sandfærdige stemme. Bag alle menneskers kloge eller kaotiske vilje opfatter han Guds konstante vilje. Bag al menneskelig kærlighed føler han Guds allerhøjeste kærlighed. Hvilken vidunderlig tilværelse, når alle Guds forklædninger er kastet af, og den hengivne står ansigt til ansigt med det Uendelige i en salig enhed af guddommeligt samvær!

---

[7] "Den, der sidder i den Højestes skjul og dvæler i den Almægtiges skygge, siger til Herren: Min tilflugt, min klippeborg, min Gud, på Hvem jeg stoler ...

"Der times dig intet ondt, dit telt kommer plage ej nær; thi Han byder sine engle at vogte dig på alle dine veje; de skal bære dig på deres hænder, at du ikke skal støde din fod på nogen sten ...

" 'Da han klynger sig til Mig, frier Jeg ham ud, Jeg bjærger ham, thi han kender Mit navn; kalder han på Mig, svarer Jeg ham, i trængsel er Jeg hos ham, Jeg frier ham og give ham ære; med et langt liv mætter Jeg ham og lader ham skue Min frelse!' " (Salmernes Bog 91:1-16).

Guds rige inden i dig

Vær altid beruset af det Guddommelige og lad din bevidstheds bølge altid hvile i det Evige Havs skød. Når man sparker og plasker rundt i vandet, er man ikke særlig bevidst om selve havet, men kun om anstrengelserne. Men når man giver slip og slapper af, så flyder kroppen; den føler i sin lethed hele havet, der skvulper omkring den. Det er sådan den stille hengivne føler Gud, med hele universet af Guddommelig Glæde vuggende blidt under sin bevidsthed.

Guds rige er inden i dig; *Han* er inden i dig. Lige bag dine opfattelser, lige bag dine tanker, lige bag dine følelser, er Han. Hver eneste smule mad, du spiser, hvert eneste åndedrag, du tager, er Gud. Du lever ikke af mad eller ilt, men af Guds Kosmiske Ord. Alle sindets og handlingens kræfter, som du bruger, er lånt fra Gud. Tænk på Ham hele tiden – før du handler, mens du er optaget af aktivitet og efter aktivitet. Når du opfylder din pligt over for mennesker, så husk først og fremmest din pligt over for Gud, uden hvis delegerede kraft ingen pligter er mulige. Føl Ham bag dine syns-, høre-, lugte-, smags- og følesanser. Føl Hans energi i armene, benene og fødderne. Føl Ham som liv i hver udånding og indånding. Føl Hans magt i din vilje; Hans visdom i din hjerne; Hans kærlighed i dit hjerte. Overalt, hvor Guds tilstedeværelse føles bevidst, smelter den dødelige uvidenhed bort.

De vise forpasser aldrig deres daglige aftale med Gud i meditation. De gør det til det altopslugende mål for deres eksistens at kontakte Ham. Alle, som vedbliver med denne oprigtighed, vil komme ind i Guds rige i dette liv; og at forblive i dette rige er at være evigt fri.

❖ ❖ ❖

"Bed, så skal der gives jer; søg, så skal I finde; bank på, så skal der lukkes op for jer.

"Thi enhver, som beder, han får, og den, som søger, han finder, og den, som banker på, for ham skal der lukkes op."

– Matthæusevangeliet 7:7-8

For yderligere udforskning af Jesu oprindelige lære ...

The Second Coming of Christ

The Resurrection of the Christ Within You

af Paramahansa Yogananda

I denne afslørende kommentar til Jesu oprindelige lære tager Paramahansa Yogananda læseren med på en dybt berigende rejse gennem de fire evangelier i deres helhed. Vers for vers belyser han den universelle vej til enhed med Gud, som Jesus lærte sine nærmeste disciple, men som er blevet tilsløret af århundreders fejlfortolkninger.

Udover de emner, der præsenteres i *Yoga og Jesus*, indeholder dette omfattende tobindsværk dybdegående diskussioner om:

- Jesu ønske om at genoprette sin oprindelige lære i verden
- De teknikker, Jesus brugte til at opnå guddommelige helbredelser
- Den praktiske anvendelse af Jesu talrige lignelser
- "Tro på hans navn": fællesskab med den hellige Kosmiske Vibration
- Den "himmel" og det "helvede", man oplever i tilstanden efter døden
- Hvad er "dommedag" og "Gabriels basun"?
- "Dine synder forlades dig": hvordan man fjerner karmaen fra tidligere forkerte handlinger
- Jesu idealer for et åndeligt harmonisk ægteskab
- Den sande betydning af Jesu ord om "verdens ende"
- Maria og Martha: hvordan man balancerer materielle pligter med hengivent fællesskab
- Brug af tro til at løse mindre vanskeligheder såvel som til at "flytte bjerge"
- Sådan genoplivede Jesus sin fysiske krop og opnåede udødelighed

Hardcover (illustreret med 15 tryk i farver
og 17 i sepia-duotoner) og paperback
Kan købes på srfbooks.org eller i enhver boghandel

Om forfatteren

"Idealet om at elske Gud og tjene menneskeheden kom fuldt ud til udtryk i Paramahansa Yoganandas liv ... Selvom han tilbragte det meste af sit liv uden for Indien, indtager han stadig pladsen som én af vore største helgener. Hans arbejde vokser fortsat og lyser stadig mere klart, og drager overalt mennesker på Åndens pilgrimsrejse."

– fra den indiske regerings hyldest i forbindelse med udgivelsen af et mindefrimærke til ære for Paramahansa Yogananda på femogtyveårsdagen for hans bortgang

Paramahansa Yogananda blev født i Indien den 5. januar 1893 og viede sit liv til at hjælpe mennesker af alle racer og trosretninger med at erkende og mere fuldkomment udtrykke den menneskelige ånds skønhed, ædelhed og sande guddommelighed i deres liv.

Efter at have dimitteret fra Calcutta University i 1915 aflagde Sri Yogananda det formelle munkeløfte i Indiens ærværdige monastiske Swami Orden. To år senere påbegyndte han sit livsværk med grundlæggelsen af en "kunsten at leve"-skole – som siden er vokset til adskillige uddannelsesinstitutioner over hele Indien – hvor der blev undervist i traditionelle akademiske fag sammen med yogatræning og instruktion efter åndelige idealer. I 1920 blev han inviteret til at deltage som Indiens delegerede ved International Congress of Religious Liberals i Boston. Hans tale til kongressen og efterfølgende forelæsninger på Amerikas østkyst blev modtaget med begejstring, og i 1924 påbegyndte han en foredragsturné på tværs af kontinentet.

Gennem de næste tre årtier bidrog Paramahansa Yogananda på mangfoldige måder til at bringe Østens åndelige visdom til Vesten. I Los Angeles etablerede han et internationalt hovedkvarter for Self-Realization Fellowship – det ikkesekteriske religiøse samfund, som han havde grundlagt i 1920. Gennem sine skrifter og omfattende foredragsturnéer, samt grundlæggelsen af utallige Self-Realization Fellowship templer og meditationscentre, introducerede han tusindvis af sandhedssøgende for den ældgamle Yogavidenskab og -filosofi og dens alment anvendelige meditationsmetoder.

I dag fortsættes det åndelige og humanitære arbejde som Paramahansa Yogananda begyndte under ledelse af Broder Chidananda, præsident for Self-

Realization Fellowship/Yogoda Satsanga Society of India. Ud over at udgive hans foredrag, skrifter og uformelle taler (som omfatter en udførlig serie af lektioner til selvstudie), fører organisationen også tilsyn med templer, refugier og centre rundt om i verden, de monastiske fællesskaber i Self-Realization Ordenen samt en Verdensomspændende Bedekreds.

I en artikel om Sri Yoganandas liv og arbejde skrev dr. Quincy Howe, Jr., professor i oldtidssprog ved Scripps College: "Paramahansa Yogananda bragte ikke kun Indiens evige løfte om Gudserkendelse til Vesten, men også en praktisk metode, gennem hvilken åndeligt stræbende fra alle samfundslag hurtigt kan nå målet. Før i tiden blev Indiens åndelige arv kun opfattet på det mest konceptuelle og abstrakte niveau i Vesten, men læren er nu tilgængelig og kan praktiseres og opleves af alle, som stræber efter af kende Gud, ikke i det hinsides, men her og nu ... Yogananda har formået at bringe de mest ophøjede metoder til kontemplation indenfor alles rækkevidde."

Paramahansa Yoganandas liv og lære er beskrevet i hans *En yogis selvbiografi* (se side 124).

Paramahansa Yogananda:
en yogi i liv og død

Paramahansa Yogananda indtrådte i *mahasamadhi* (en yogis sidste, bevidste afgang fra legemet) i Los Angeles, Californien, den 7. marts 1952, efter at have afsluttet sin tale ved en banket til ære for Indiens ambassadør, Hans Excellence Binay R. Sen.

Den store verdenslærer demonstrerede værdien af yoga (videnskabelige teknikker til Gudserkendelse) ikke blot i livet, men også i døden. I ugevis efter han forlod legemet strålede hans uforanderlige ansigt af uforgængelighedens guddommelige skær.

Mr. Harry T. Rowe, direktøren for Los Angeles begravelsesvæsen, Forest Lawn Memorial-Park (hvor den store mesters legeme midlertidigt er anbragt), sendte Self-Realization Fellowship et notarielt bekræftet brev, hvorfra følgende uddrag er taget:

"Manglen på noget synligt tegn på opløsning i Paramahansa Yoganandas lig frembyder det mest usædvanlige tilfælde i vor erfaring ... End ikke tyve dage efter dødens indtræden var nogen fysisk opløsning synlig i hans legeme ... Intet tegn på skimmel var synlig på hans hud, og ingen synlig udtørring fandt sted i legemets væv. Denne tilstand af fuldkommen bevarelse af et legeme er, så vidt vi ved fra begravelsesvæsenets annaler, uden sidestykke ... Ved modtagelsen af Yoganandas legeme forventede begravelsespersonalet gennem kistens glaslåg at kunne iagttage de sædvanlige fremadskridende tegn på legemlig opløsning. Vor forbløffelse voksede, da den ene dag fulgte den anden uden at bringe nogen synlig forandring i legemet under observation. Yoganandas legeme var tilsyneladende i en objektiv tilstand af uforanderlighed ...

"Ingen lugt eller forrådnelse udgik på noget tidspunkt fra hans legeme ... Yoganandas fysiske fremtoning var den 27. marts, lige før bronzelåget blev bragt på plads over kisten, akkurat den samme, som den havde været den 7. marts. Den 27. marts så han lige så frisk og uberørt af forrådnelse ud, som han havde gjort den nat, han døde. Den 27. marts var der ingen grund til at sige, at hans legeme overhovedet var undergået nogen synlig fysisk opløsning. Af disse grunde erklærer vi igen, at Paramahansa Yoganandas tilfælde er enestående i vor erfaring."

Yderligere oplysninger om
Paramahansa Yoganandas
Kriya Yoga lære

Self-Realization Fellowship ønsker at hjælpe søgende over hele verden. For oplysninger om vores årlige serie af offentlige forelæsninger og kurser, om meditationer og inspirerende gudstjenester i vores templer og centre rundt om i verden og for en liste over refugier og andre aktiviteter, er du velkommen til at besøge vores website eller vores Internationale Hovedkvarter:

www.yogananda.org

Self-Realization Fellowship
3880 San Rafael Avenue
Los Angeles, CA 90065-3219, USA

+1(323) 225-2471

Self-Realization Fellowship
Lektioner

Personlig vejledning og instruktion fra Paramahansa Yogananda i teknikker til yogameditation og principper for åndelig livsførelse

Læsere som er interesserede i Paramahansa Yoganandas åndelige lære inviteres til at modtage *Self-Realization Fellowship Lektionerne*.

Paramahansa Yogananda startede denne serie af selvstudier for at give oprigtigt søgende mennesker mulighed for at lære og udøve de urgamle teknikker til yogameditation som han bragte til Vesten – inklusive videnskaben om *Kriya Yoga*. Lektionerne indeholder også hans praktiske vejledning i at opnå afbalanceret fysisk, mentalt og åndeligt velvære.

Self-Realization Fellowship Lektionerne er tilgængelige for et mindre vederlag (til dækning af udgifter til trykning og porto). Self-Realization Fellowships munke og nonner giver alle studerende gratis personlig vejledning i *Lektionernes* praktiske udøvelse.

For yderligere oplysninger ...

Besøg venligst www.srflessons.org, hvor du kan rekvirere en gratis, omfattende informationspakke om *Lektionerne*.

Også udgivet af Self-Realization Fellowship ...

EN YOGIS SELVBIOGRAFI
af Paramahansa Yogananda

Denne anmelderroste selvbiografi er et fascinerende portræt af en af vor tids store åndelige skikkelser. Med indtagende oprigtighed, veltalenhed og vid fortæller Paramahansa Yogananda sit livs inspirerende krønike – oplevelserne fra sin usædvanlige barndom, møderne med mange helgener og vismænd gennem sin ungdommelige søgen over hele Indien efter en oplyst lærer, de ti års træning i en højagtet yogamesters bolig og de tredive år hvor han boede og underviste i Amerika. Han fortæller også om sine møder med Mahatma Gandhi, Rabindranath Tagore, Luther Burbank, den katolske stigmatiker Therese Neumann og andre berømte åndelige personligheder fra Østen og Vesten.

En yogis selvbiografi er på en gang en smukt skrevet beretning om et usædvanligt liv og en dybtgående introduktion til den ældgamle Yogavidenskab og dens ærværdige meditationstradition. Forfatteren forklarer tydeligt de subtile, men definitive love bag både hverdagens almindelige begivenheder og de ekstraordinære begivenheder, der ofte betegnes som mirakler. Hans fascinerende livshistorie bliver således baggrunden for et gennemtrængende og uforglemmeligt indblik i den menneskelige eksistens' største mysterier.

Bogen, der betragtes som en moderne åndelig klassiker, er oversat til mere end halvtreds sprog og bruges i vid udstrækning som lærebog og opslagsværk på colleger og universiteter. *En yogis selvbiografi* har været en bestseller, siden den udkom første gang for mere end femoghalvfjerds år siden, og den har fundet vej til millioner af læseres hjerter verden over.

"En enestående beretning." – *The New York Times*
"Et fascinerende og klart kommenteret studie." – *Newsweek*
"Man har aldrig før – på engelsk eller noget andet europæisk sprog – set en sådan beskrivelse af Yoga." – *Columbia University Press*

BØGER PÅ DANSK AF
PARAMAHANSA YOGANANDA

En yogis selvbiografi

Loven om succes

Videnskabelige helbredende bekræftelser

Sådan kan du tale med Gud

Derfor tillader Gud det onde

Lev uden frygt

Lev sejrrigt

Visdomsord af Paramahansa Yogananda

Yoga og Jesus

BØGER PÅ DANSK AF ANDRE FORFATTERE

Forholdet mellem guru og discipel
af Sri Mrinalini Mata

Bøger på engelsk af Paramahansa Yogananda

Kan købes hos boghandlere eller direkte fra forlaget:
Self-Realization Fellowship
3880 San Rafael Avenue • Los Angeles, California 90065-3219
Tlf. +1(323) 225-2471 • Fax +1(323) 225-5088
www.srfbooks.org

Autobiography of a Yogi

The Second Coming of Christ:
The Resurrection of the Christ Within You
En afslørende kommentar om Jesus og hans oprindelige lære.

God Talks with Arjuna:
The Bhagavad Gita
En ny oversættelse og kommentar.

Man's Eternal Quest
Første bind af Paramahansa Yoganandas foredrag og uformelle taler.

The Divine Romance
Andet bind af Paramahansa Yoganandas foredrag, uformelle taler og essays.

Journey to Self-realization
Tredje bind af Paramahansa Yoganandas foredrag og uformelle taler.

Wine of the Mystic:
The Rubaiyat of Omar Khayyam — A Spiritual Interpretation
En inspireret kommentar som kaster lys over den mystiske videnskab om samvær med Gud, der er skjult i Rubaiyatens enigmatiske billedsprog.

Where There Is Light:
Insight and Inspiration for Meeting Life's Challenges

Whispers from Eternity
En samling af Paramahansa Yoganandas bønner og guddommelige oplevelser i ophøjet tilstand af meditation.

The Science of Religion

The Yoga of the Bhagavad Gita:
An Introduction to India's Universal Science of God-Realization

The Yoga of Jesus:
Understanding the Hidden Teachings of the Gospels

In the Sanctuary of the Soul:
A Guide to Effective Prayer

Inner Peace:
How to Be Calmly Active and Actively Calm

To Be Victorious in Life

Why God Permits Evil and How to Rise Above It

Living Fearlessly:
Bringing Out Your Inner Soul Strength

How You Can Talk With God

Metaphysical Meditations
Over 300 åndeligt opløftende meditationer, bønner og bekræftelser.

Scientific Healing Affirmations
Paramahansa Yogananda præsenterer her en dybtgående forklaring på videnskabelige bekræftelser.

Sayings of Paramahansa Yogananda
En samling af visdomsord og kloge råd, som viser Paramahansa Yoganandas oprigtige og kærlige svar til dem, der kom til ham for vejledning.

Songs of the Soul
Paramahansa Yoganandas mystiske digte.

The Law of Success
Forklarer dynamiske principper for at nå livets mål.

Cosmic Chants
Tekst (engelsk) og musik til 60 religiøse sange, med en indledning som forklarer hvorledes åndelig chanting kan føre til fællesskab med Gud.

Lydindspilninger af
Paramahansa Yogananda

Beholding the One in All

The Great Light of God

Songs of My Heart

To Make Heaven on Earth

Removing All Sorrow and Suffering

Follow the Path of Christ, Krishna, and the Masters

Awake in the Cosmic Dream

Be a Smile Millionaire

One Life Versus Reincarnation

In the Glory of the Spirit

Self-Realization: The Inner and the Outer Path

Også udgivet af
Self-Realization Fellowship

Et udførligt katalog over alle Self-Realization Fellowships bøger, lydoptagelser og videoindspilninger kan fås ved forespørgsel.

The Holy Science
af Swami Sri Yukteswar

Only Love:
Living the Spiritual Life in a Changing World
af Sri Daya Mata

Finding the Joy Within You:
Personal Counsel for God-Centered Living
af Sri Daya Mata

Intuition:
Soul Guidance for Life's Decisions
af Sri Daya Mata

God Alone:
The Life and Letters of a Saint
af Sri Gyanamata

"Mejda":
The Family and the Early Life of Paramahansa Yogananda
af Sananda Lal Ghosh

Self-Realization
Et magasin grundlagt af Paramahansa Yogananda i 1925.

DVD (DOKUMENTAR)

Awake: The Life of Yogananda
En prisvindende dokumentarfilm om
Paramahansa Yoganandas liv og arbejde.

Mål og idealer for Self-Realization Fellowship

Som fremsat af grundlæggeren Paramahansa Yogananda
Broder Chidananda, præsident

At udbrede kendskab blandt nationerne til bestemte videnskabelige metoder til at opnå direkte personlig oplevelse af Gud.

At belære om, at livets formål er at udvikle menneskets begrænsede dødelige bevidsthed til Gudsbevidsthed gennem egen anstrengelse; og til dette formål oprette Self-Realization Fellowship templer for samvær med Gud overalt i verden og at opmuntre til oprettelsen af individuelle templer for Gud i menneskers hjem og hjerter.

At afsløre den fuldstændige harmoni og grundlæggende enhed mellem den oprindelige kristendom, som fremlagt af Jesus Kristus, og den oprindelige Yoga, som fremlagt af Bhagavan Krishna; og at vise, at disse sandhedens principper er det fælles videnskabelige grundlag for alle sande religioner.

At udpege den ene hellige hovedvej, hvortil alle sande religiøse overbevisningers stier i den sidste ende fører: den daglige, videnskabelige, hengivne meditation over Gud.

At udfri mennesket fra dets trefoldige lidelse: fysisk sygdom, mentale disharmonier og åndelig uvidenhed.

At opmuntre til "enkel levevis og høj tænkning"; og at udbrede en følelse af broderskab mellem alle folkeslag ved at belære om det evige grundlag for deres enhed: slægtskab med Gud.

At demonstrere at sindet er kroppen overlegen, og sjælen er sindet overlegen.

At overvinde det onde ved det gode, sorg ved glæde, grusomhed ved venlighed, uvidenhed ved visdom.

At forene videnskab og religion ved erkendelse af deres grundlæggende princippers enhed.

At fremme kulturel og åndelig forståelse mellem Øst og Vest, samt udveksling af deres bedste egenskaber.

At tjene menneskeheden som sit større Selv.

Ordliste

Arjuna. Den ophøjede discipel, til hvem Bhagavan Krishna overbragte det udødelige budskab i Bhagavad Gitaen *(se denne)*; en af de fem Pandava-prinser i det store hinduistiske epos, *Mahabharataen*, hvori han er en nøglefigur.

astrallegeme. Menneskets subtile legeme af lys, *prana* eller livtroner; det andet af tre lag, som successivt omslutter sjælen: kausallegemet *(se dette)*, astrallegemet og det fysiske legeme. Astrallegemets kræfter giver liv til det fysiske legeme, ligesom elektricitet oplyser en pære. Astrallegemet har nitten elementer: intelligens, ego, følelse, sind (sansebevidsthed); fem vidensinstrumenter (de sensoriske kræfter i de fysiske organer for syn, hørelse, lugt, smag og følelse); fem handlingsinstrumenter (de udøvende kræfter i de fysiske instrumenter for formering, ekskretion, tale, bevægelse og udøvelse af manuelle færdigheder); og fem instrumenter for livskraft, som udfører funktionerne cirkulation, metabolisme, assimilation, krystallisation og elimination.

astralverden. Den subtile sfære i Herrens skaberværk, et univers af lys og farve, som består af finere-end-atomare kræfter, dvs. vibrationer af livsenergi eller livtroner (se *prana*). Ethvert væsen, enhver genstand, enhver vibration på det materielle plan har en astral modpart, for i det astrale univers (himmelen) findes blåtrykket for vores materielle univers. Ved den fysiske død stiger menneskets sjæl, klædt i et astralt legeme af lys, op til et af de højere eller lavere astrale planer, alt efter fortjeneste, for at fortsætte sin åndelige udvikling i dette subtile riges større frihed. Der forbliver man i en karmisk forudbestemt tid indtil fysisk genfødsel.

Aum (Om). Roden eller lydkernen af dette ord fra sanskrit symboliserer det aspekt af Guddommen, som skaber og opretholder alting; Kosmisk Vibration. Ordet *Aum* i vedaerne blev til det hellige ord *Hum* blandt tibetanerne, *Amin* blandt muslimerne, og *Amen* hos egypterne, grækerne, romerne, jøderne og de kristne. Verdens store religioner erklærer at alt, hvad der er skabt, har sin oprindelse i den kosmiske vibrerende energi fra *Aum* eller Amen, Ordet eller Helligånden. "I begyndelsen var Ordet, og Ordet var hos Gud, og Ordet var Gud ... Alt er blevet til ved det, [Ordet eller *Aum*], og uden det blev intet til af det, som er." (Johannesevangeliet 1:1, 3).

På hebraisk betyder Amen *sikker, trofast*. "Så siger han, som er Amen, det troværdige og sanddru vidne, Guds skaberværks ophav" (Johannes' Åbenbaring 3:14). Ligesom lyd frembringes af en kørende motors vibrationer, således vidner den allestedsnærværende lyd af *Aum* trofast om den kørende "Kosmiske Motor", som opretholder alt liv og hver eneste partikel af skabelsen gennem vibrerende energi. I *Self-Realization Fellowship Lektionerne (se disse)*, underviser Paramahansa Yogananda i meditationsteknikker, hvis udøvelse bringer direkte oplevelse af Gud som *Aum* eller Helligånden. Dette salige samvær med den usynlige guddommelig Magt ("Trøsteren, Helligånden" – Johannesevangeliet 14:26) er det sande videnskabelige grundlag for bøn.

avatar. Fra sanskrit *avatara*, med rødderne *ava*, "ned" og *tri*, "at passere". Sjæle, som opnår forening med Ånden og derefter vender tilbage til jorden for at hjælpe menneskeheden, kaldes avatarer, guddommelige inkarnationer.

avidya. Direkte oversat "ikke-viden", uvidenhed; manifestationen i mennesket af *maya,* den kosmiske illusion *(se dette).* I bund og grund er *avidya* menneskets uvidenhed om sin guddommelige natur og om den eneste virkelighed: Ånden.

Babaji. Se *Mahavatar Babaji.*

bevidsthedstilstande. I den jordiske bevidsthed oplever mennesket tre tilstande: vågen bevidsthed, sovende bevidsthed og drømmende bevidsthed. Men han oplever ikke sin sjæl, overbevidstheden, og han oplever ikke Gud. Det gør Kristusmennesket. Ligesom det dødelige menneske er bevidst i hele sin krop, således er Kristusmennesket bevidst i hele universet, hvilket han føler som sit eget legeme. Hinsides tilstanden af Kristusbevidsthed findes kosmisk bevidsthed, oplevelsen af enhed med Gud i Hans absolutte bevidsthed hinsides den vibrerende skabelse såvel som med Herrens allestedsnærværelse, som manifesterer sig i de fysiske verdener.

Bhagavad Gita. "Herrens Sang". En gammel indisk hellig skrift, som består af atten kapitler fra den sjette bog *(Bhishma Parva)* i *Mahabharata*-eposet. Gitaen, som er præsenteret i form af en samtale mellem avataren *(se dette)* Herren Krishna og hans discipel Arjuna på tærsklen til det historiske slag ved Kurukshetra, er en dybtgående beskrivelse af Yogaens videnskab (forening med Gud) og en tidløs forskrift for lykke og succes i hverdagslivet. Gitaen er allegori såvel som historie, en åndelig afhandling om den indre kamp mellem menneskets gode og dårlige tendenser. Afhængigt af sammenhængen symboliserer Krishna guruen, sjælen eller Gud; Arjuna repræsenterer den stræbende hengivne. Om denne universelle hellige skrift skrev Mahatma Gandhi: "De, som mediterer over Gitaen, vil finde frisk glæde og ny mening i den hver dag. Der findes ikke en eneste åndelig knude som Gitaen ikke kan løse."

Citaterne fra Bhagavad Gitaen i denne bog er fra Paramahansa Yoganandas egen oversættelse, *God Talks With Arjuna: The Bhagavad Gita—Royal Science of God-Realization* (udgivet af Self-Realization Fellowship).

Bhagavan Krishna. En avatar, der levede som konge i Indien mange år før den kristne æra. En af betydningerne af ordet *Krishna* i de hinduistiske hellige skrifter er "Alvidende Ånd". *Krishna* er således, ligesom *Kristus,* en åndelig titel, som betegner avatarens guddommelige størrelse – hans enhed med Gud. Titlen *Bhagavan* betyder "Herre". I sine tidlige år levede Krishna som en kohyrde, der fortryllede sine venner med sin fløjtemusik. I denne rolle ses Krishna ofte som en allegorisk repræsentant for sjælen, der spiller på meditationens fløjte for at føre alle misledte tanker tilbage til alvidenhedens fold.

Bhakti Yoga. Den åndelige vej til Gud, som lægger vægt på altovergivende kærlighed som det vigtigste middel til samvær og enhed med Gud. Se *Yoga.*

Brahman (Brahma). Den Absolutte Ånd. Brahman gengives sommetider på sanskrit som *Brahma* (med et kort *a* til sidst); men betydningen er den samme som Brahman: Ånd, eller Gud Fader, ikke den begrænsede idé om den personlige "Skaberen Brahma" i Brahma-Vishnu-Shiva triaden (som gengives med et langt *ā* til sidst, *Brahmā*).

Ordliste 135

chakraer. I Yoga er chakraer de syv okkulte centre af liv og bevidsthed i rygsøjlen og hjernen, som sætter liv i menneskets fysiske og astrale legeme. Disse centre kaldes *chakraer* ("hjul"), fordi den koncentrerede energi i hver af dem er som et nav, hvorfra der udstråler livgivende lys og energi. I stigende rækkefølge er disse *chakraer muladhara* (det coccygeale, nederst i rygraden); *svadhisthana* (det sakrale, fem centimeter over *muladhara*); *manipura* (det lumbale, overfor navlen); *anahata* (det dorsale, overfor hjertet); *vishuddha* (det cervikale, nederst i nakken); *ajna* (som traditionelt findes mellem øjenbrynene; i virkeligheden direkte forbundet med medullaen ved polaritet; se også *medulla* og *åndeligt øje*); og *sahasrara* (i den øverste del af cerebrum).

De syv centre er guddommeligt planlagte udgange eller "luger" hvorigennem sjælen er nedsteget i kroppen, og hvorigennem den må genopstige ved en meditationsproces. Gennem de syv trin, det ene efter det andet, undslipper sjælen til Kosmisk Bevidsthed. I sin bevidste opadgående passage gennem de syv åbnede eller "opvågnede" cerebrospinale centre rejser sjælen ad hovedvejen til Uendeligheden, den sande rute, som sjælen skal følge for at blive genforenet med Gud.

Yoga-afhandlinger regner sædvanligvis de seks lavere centre som *chakraer*, og omtaler *sahasrara* separat som et syvende center. Men alle syv centre omtales tit som lotusser, hvis kronblade åbner sig eller vender sig opad i åndelig opvågning, når livet og bevidstheden bevæger sig op ad rygraden.

chitta. Intuitiv følelse; den samlede bevidsthed, som består af *ahamkara* (egoet), *buddhi* (intelligens) og *manas* (sind eller sansebevidsthed).

dharma. Evige retfærdighedsprincipper, som opretholder hele skabelsen; menneskets iboende pligt til at leve i harmoni med disse principper. Se også *Sanatana Dharma*.

discipel. En åndelig aspirant, som kommer til en guru for at blive introduceret til Gud, og med det mål etablerer et evigt åndeligt forhold til guruen. I Self-Realization Fellowship etableres guru-discipel-forholdet ved *diksha*, indvielse, i *Kriya Yoga*. Se også *guru* og *Kriya Yoga*.

egoisme. Egoprincippet, *ahamkara* (direkte oversat "jeg gør"), er roden til dualismen eller den tilsyneladende adskillelse mellem mennesket og dets Skaber. *Ahamkara* bringer mennesket under *mayas (se dette)* herredømme, hvorved subjektet (egoet) fejlagtigt fremstår som objekt; skabningerne tror, at de selv er skabere. Ved at forvise egobevidstheden vågner mennesket op til sin guddommelige identitet, sin enhed med det Eneste Liv: Gud.

elementer (fem). Den Kosmiske Vibration, eller *Aum*, strukturerer hele den fysiske skabelse, inklusive menneskets fysiske legeme, gennem manifestationen af fem *tattvaer* (elementer): jord, vand, ild, luft og æter *(se denne)*. Disse er strukturelle kræfter, intelligente og vibrerende af natur. Uden jordelementet ville der ikke være noget fast stof; uden vandelementet ingen flydende tilstand; uden luftelementet ingen gasformig tilstand; uden ildelementet ingen varme; uden æterelementet ingen baggrund til at producere den kosmiske filmforestilling på. I kroppen kommer *prana* (kosmisk vibrerende energi) ind i medullaen og bliver derefter opdelt i de fem elementers strømme ved hjælp af de fem lavere *chakraer (se disse)* eller centre: det coccygeale (jord), sakrale (vand), lumbale (ild), dorsale (luft) og cervikale (æter). Terminologien på sanskrit for disse elementer er *prithivi, ap, tej, prana* og *akasha.*

den Guddommelige Moder. Det aspekt af Gud, som er aktivt i skabelsen; den Transcendente Skabers *shakti* eller kraft. Andre betegnelser for dette aspekt af Guddommen er *Aum, Shakti,* Helligånden, den Kosmiske Intelligente Vibration, Naturen eller *Prakriti.* Desuden det personlige aspekt af Gud, der udtrykker en moders kærlighed og medfølende kvaliteter.

De hinduistiske hellige skrifter forklarer, at Gud er både immanent og transcendent, personlig og upersonlig. Man kan søge Ham som det Absolutte; som en af Hans manifesterede evige kvaliteter, såsom kærlighed, visdom, salighed, lys; i form af en *ishta* (guddom); eller som Fader, Moder eller Ven.

guru. Åndelig lærer. Selvom ordet *guru* ofte misbruges til blot at henvise til en hvilken som helst lærer eller vejleder, er en sand Gudsoplyst guru en, der i sin opnåelse af selvbeherskelse har erkendt sin identitet med den allestedsnærværende Ånd. En sådan person er unikt kvalificeret til at lede den søgende på hans eller hendes indre rejse mod guddommelig erkendelse.

Når en hengiven er parat til for alvor at søge Gud, sender Herren ham en guru. Gennem en sådan mesters visdom, intelligens, Selverkendelse og lære vejleder Gud disciplen. Ved at følge mesterens lære og disciplin er disciplen i stand til at opfylde sin sjæls ønske om Gud-opfattelsens manna. En sand guru, der er ordineret af Gud til at hjælpe oprigtige søgende som svar på deres dybe sjælelige trang, er ikke en almindelig lærer: han er et menneskeligt redskab, hvis legeme, tale, sind og åndelighed Gud bruger som en kanal til at tiltrække og lede fortabte sjæle tilbage til deres hjem i udødelighed. En guru er en levende legemliggørelse af skriftens sandhed. Han er et redskab for frelse, udpeget af Gud som svar på en hengivens krav om frigørelse fra materiens trældom.

"At være sammen med Guruen," skrev Swami Sri Yukteswar i *The Holy Science,* "er ikke blot at være i hans fysiske nærvær (da dette nogle gange er umuligt), men betyder hovedsagligt at holde ham i vores hjerter og at være ét med ham i princippet og at afstemme os efter ham." Se *mester.*

Helligånden. Den hellige Kosmiske Intelligente Vibration udsendt fra Gud for at opbygge og opretholde skabelsen fra Dens egen vibrerende Essens. Den er således Guds Hellige Nærvær, Hans Ord, allestedsnærværende i universet og i enhver form, redskabet for Guds perfekte universelle afspejling, Kristusbevidstheden *(se denne).* Trøsteren, den Kosmiske Moder Natur, Prakriti *(se denne).* Se *Aum* og *Treenigheden.*

"Holy Ghost" er synonymt med "Holy Spirit" – det udtryk, der bruges i mange moderne engelske versioner af Bibelen. Begge er oversættelser af de samme græske og hebraiske ord. *Ruach* på hebraisk og *pneuma* på græsk bruges til at betegne en række begreber: ånd, åndedræt og vind – i almindelighed livsprincippet i mennesket og kosmosset. (På samme måde på latin, hvor *inspiration* refererer til indstrømningen af åndedræt såvel som guddommelig eller kreativ ånd; og på sanskrit, hvor *prana* betegner åndedrættet såvel som den subtile astrale livsenergi, der opretholder kroppen, og den universelle

Ordliste 137

Kosmiske Vibrerende Energi, der ligger til grund for og opretholder hver eneste partikel i skabelsen). På tidspunktet for King James oversættelsen af Bibelen havde både "spirit" og "ghost" på engelsk samme betydning som *ruach* og *pneuma*; den daglige betydning af "ghost" har ændret sig i århundrederne siden da. King James oversættelsen, der bruges i denne bog, undgår forvekslingen mellem Ånd (den transcendente Gud Faderen) og Dens aktiverende Kreative Vibrerende Energi (Helligånden).

intuition. Sjælens alvidende evne, som gør mennesket i stand til at opleve sandheden direkte uden sansernes mellemkomst.

Jnana Yoga. (Udtales *gyana yoga*). Vejen til forening med Gud gennem forvandling af intellektets skelneevne til sjælens alvidende visdom.

karma. Virkninger af tidligere handlinger, fra dette eller tidligere liv; fra sanskrit *kri*, at gøre. Den afbalancerende karmalov, som den fremsættes i de hinduistiske hellige skrifter, er loven om aktion og reaktion, årsag og virkning, såning og høst. Gennem den naturlige retfærdighed former hvert menneske gennem sine tanker og handlinger sin egen skæbne. De energier, som han selv, klogt eller uklogt, har sat i bevægelse, må vende tilbage til ham som deres udgangspunkt, ligesom en cirkel, der ubønhørligt slutter sig selv. En forståelse af karma som retfærdighedens lov tjener til at frigøre det menneskelige sind fra vrede mod Gud og mennesker. Et menneskes karma følger ham fra inkarnation til inkarnation, indtil det er opfyldt eller åndeligt transcenderet. Se *reinkarnation*.

Menneskers kumulative handlinger i samfund, nationer eller verden som helhed udgør massekarma, som skaber lokale eller vidtrækkende virkninger alt efter graden og overvægten af godt eller ondt. Ethvert menneskes tanker og handlinger bidrager derfor til det gode eller det onde i denne verden og alle mennesker i den.

Karma Yoga. Vejen til Gud gennem utilknyttet gerning og tjeneste. Ved uselvisk tjeneste, ved at give frugterne af sine gerninger til Gud og ved at se Gud som den eneste Udøver, bliver den hengivne fri for egoet og oplever Gud. Se *Yoga*.

kausallegeme. Mennesket som sjæl er essentielt et væsen med et kausalt legeme. Hans kausale legeme er en idé-matrice for det astrale og det fysiske legeme. Det kausale legeme består af 35 idé-elementer, som svarer til de 19 elementer i det astrale legeme *(se dette)* plus de 16 grundlæggende materielle elementer i det fysiske legeme.

kausalverden. Bag den fysiske verden af stof (atomer, protoner, elektroner) og den subtile astrale verden af lysende livsenergi (livtroner), findes den kausale eller idémæssige verden af tanker (tanketroner). Når mennesket har udviklet sig tilstrækkeligt til at kunne overskride de fysiske og astrale universer, opholder han sig i det kausale univers. I de kausale væseners bevidsthed er de fysiske og astrale universer transformeret til deres tanke-essens. Uanset hvad det fysiske menneske kan gøre i fantasien, kan det kausale menneske gøre i virkeligheden – den eneste begrænsning er selve tanken. I sidste ende kaster mennesket det sidste sjælelag af sig – sit kausale legeme – for at forene sig med den allestedsnærværende Ånd, hinsides alle vibrerende riger.

Kosmisk Bevidsthed. Det Absolutte; den transcendentale Ånd, som eksisterer hinsides skabelsen; Gud Fader. Også tilstanden af *samadhi*-meditation i enhed med Gud både hinsides og inden for den vibrerende skabelse. Se *Treenigheden.*

kosmisk energi. Se *prana.*

kosmisk illusion. Se *maya.*

Kosmisk Intelligent Vibration. Se *Aum.*

Kosmisk Lyd. Se *Aum.*

Krishna. Se *Bhagavan Krishna.*

Krishnabevidsthed. Kristusbevidsthed; *Kutastha Chaitanya.* Se *Kristusbevidsthed.*

Kristus. Jesu ærestitel: Jesus Kristus. Dette udtryk betegner også Guds universelle intelligens, der er immanent i skabelsen (sommetider omtalt som den Kosmiske Kristus eller den Uendelige Kristus), eller bruges som reference til store mestre, der har opnået enhed med denne Guddommelige Bevidsthed. (Det græske ord *Christos* betyder "salvet", ligesom det hebraiske ord *Messias*). Se også *Kristusbevidsthed* og *Kutastha Chaitanya.*

Kristusbevidsthed. Guds udsendte bevidsthed, der er immanent i hele skabelsen. I de kristne hellige skrifter kaldes den for den "enbårne søn", den eneste rene genspejling i skabelsen af Gud Faderen; i de hinduistiske hellige skrifter kaldes den for *Kutastha Chaitanya* eller *Tat,* Åndens universelle bevidsthed eller kosmiske intelligens, som er til stede overalt i skabelsen. (Udtrykkene "Kristusbevidsthed" og "Kristusintelligens" er synonyme, ligesom den "Kosmiske Kristus" og den "Uendelige Kristus"). Det er den universelle bevidsthed, enhed med Gud, som Jesus, Krishna og andre avatarer manifesterede. Store helgener og yogier kender den som tilstanden af *samadhi*-meditation, hvori deres bevidsthed er identificeret med den guddommelige intelligens i hver partikel af skabelsen; de føler hele universet som deres egen krop. Se *Treenigheden.*

Kristuscentret. *Kutastha* eller *ajna chakraet* ved punktet mellem øjenbrynene, direkte forbundet ved polaritet med medullaen *(se denne)*; centret for vilje og koncentration og for Kristusbevidsthed *(se denne)*; sædet for det åndelige øje *(se dette).*

Kriya Yoga. En hellig åndelig videnskab, der stammer fra årtusinder tilbage i Indien. Den omfatter visse meditationsteknikker, hvis hengivne udøvelse fører til erkendelse af Gud. Paramahansa Yogananda har forklaret, at sanskrit-roden af *kriya* er *kri,* at gøre, at handle og reagere; den samme rod findes i ordet *karma,* det naturlige princip om årsag og virkning. Kriya Yoga er således "forening *(yoga)* med det Uendelige gennem en bestemt handling eller et ritual *(kriya)*". Kriya Yoga lovprises af Krishna i Bhagavad Gitaen og af Patanjali i *Yoga Sutraerne.* Kriya Yoga blev genoplivet i denne tidsalder af Mahavatar Babaji *(se denne) og* er den *diksha* (åndelige indvielse), der gives af Self-Realization Fellowships Guruer. Siden Paramahansa Yoganandas *mahasamadhi (se denne),* er *diksha* blevet givet gennem hans udpegede åndelige repræsentant, præsidenten for Self-Realization Fellowship/Yogoda Satsanga Society of India (eller gennem en, som er udpeget af præsidenten). For at kvalificere sig til *diksha* skal Self-Realizations medlemmer opfylde visse forudgående åndelige krav. En, som har modtaget denne *diksha,* er en *Kriya Yogi* eller *Kriyaban.* Se også *guru* og *discipel.*

kundalini. Den kraftfulde strøm af skabende livsenergi, der befinder sig i en subtil snoet passage nederst i rygraden. I almindelig vågen bevidsthed flyder legemets livskraft fra hjernen ned gennem rygraden og ud gennem denne snoede *kundalini* passage, hvor den sætter liv i det fysiske legeme og binder de astrale og kausale legemer *(se disse)* og den iboende sjæl til den jordiske form. I de højere bevidsthedstilstande, som er målet for meditation, vendes *kundalini*-energien, så den flyder tilbage op ad rygraden for at vække de latente åndelige evner i de cerebrospinale centre *(chakraer)*. Også kaldet "slangekraften" på grund af sin snoede form.

Kutastha Chaitanya. Kristusbevidsthed *(se dette)*. Sanskritordet *Kutastha* betyder "det, der forbliver uændret"; *chaitanya* betyder bevidsthed.

Lahiri Mahasaya. *Lahiri* var familienavnet på Shyama Charan Lahiri (1828-1895). *Mahasaya*, en religiøs titel på sanskrit, betyder "storsindet". Lahiri Mahasaya var discipel af Mahavatar Babaji og guru for Swami Sri Yukteswar (Paramahansa Yoganandas guru). Lahiri Mahasaya var den, som Babaji åbenbarede den gamle, næsten forsvundne videnskab om *Kriya Yoga (se denne)* for. Han var en *Yogavatar* ("Inkarnation af Yoga"), en førende skikkelse i yogaens renæssance i det moderne Indien, som gav undervisning og velsignelse til talrige søgende, der kom til ham, uden hensyn til kaste eller tro. Han var en Kristuslignende lærer med mirakuløse evner; men også en familiefar med erhvervsmæssige ansvar, som demonstrerede for den moderne verden, hvordan et ideelt afbalanceret liv kan opnås ved at kombinere meditation med korrekt udførelse af ydre pligter. Lahiri Mahasayas liv er beskrevet i *En yogis selvbiografi*.

livskraft. Se *prana*.

livtroner. Se *prana*

Mahavatar Babaji. Den udødelige *Mahavatar* ("stor avatar"), som i 1861 gav *Kriya Yoga (se dette)* indvielse til Lahiri Mahasaya og derved genoprettede den ældgamle teknik til frelse for verden. Han er evigt ungdommelig og har levet i århundreder i Himalaya, hvorfra han har skænket verden en konstant velsignelse. Hans mission har været at hjælpe profeter med at gennemføre deres særlige hverv. Der er blevet givet ham mange titler, som betegner hans ophøjede åndelige status, men *mahavataren* har generelt valgt det simple navn Babaji, fra sanskritordet *baba*, "fader", og suffikset *ji*, som angiver respekt. Mere information om hans liv og åndelige mission findes i *En yogis selvbiografi*. Se *avatar*.

Mantra Yoga. Guddommeligt fællesskab, der opnås gennem hengiven, koncentreret gentagelse af rodord-lyde, som har en gavnlig vibrerende kraft. Se *Yoga*.

maya. Den illusoriske kraft, som er indbygget i skabelsens struktur, hvorved den Ene fremstår som mange. *Maya* er princippet om relativitet, inversion, kontrast, dualitet, modsatte tilstande; "Satan" (på hebraisk direkte oversat som "modstanderen") hos Det Gamle Testamentes profeter; og "djævelen" som Kristus malerisk beskrev som en "morder" og en "løgner", fordi "der er ikke sandhed i ham" (Johannesevangeliet 8:44).

Paramahansa Yogananda skrev: "Sanskritordet *maya* betyder 'den, der måler'; det er den magiske kraft i skabelsen, som får det til at se ud som om den Umålelige og Udelelige har begrænsninger og opsplitninger. *Maya* er selve Naturen – fænomenernes verdener, der altid er i omskiftelig forandring som en modsætning til den Guddommelige Uforanderlighed.

"I Guds plan og i Hans spil (*lila*), er Satans eller *mayas* eneste funktion at forsøge at føre mennesket bort fra Ånden og hen til det materielle, væk fra Virkelighed og hen til uvirkelighed. 'Djævelen har syndet fra begyndelsen. Men derfor blev Guds Søn åbenbaret, for at han skulle tilintetgøre Djævelens gerninger' (Johannes' Første Brev 3:8). Det vil sige, at manifestationen af Kristusbevidsthed i menneskets eget væsen ubesværet ødelægger illusionerne eller 'Djævelens gerninger.'

"*Maya* er Naturens slør af flygtighed, skabelsens uophørlige tilblivelse; det slør, som hvert menneske er nødt til at løfte for at kunne se Skaberen bag det, den Uforanderlige, evige Virkelighed."

meditation. Almindeligvis forstået som indadrettet koncentration med det formål at opleve Gud. Sand meditation, *dhyana,* er bevidst erkendelse af Gud gennem intuitiv opfattelse. Dette opnås først, når den hengivne har opnået den fæstnede koncentration, hvorved han afkobler sin opmærksomhed fra sanserne og er fuldstændig uforstyrret af sanseindtryk fra den ydre verden. *Dhyana* er det syvende trin i Patanjalis Ottefoldige Yoga Vej, hvor det ottende trin er *samadhi*, samvær, enhed med Gud. Se *Patanjali*.

medulla oblongata. Denne struktur nederst i hjernen (ovenover rygmarven) er det primære sted, hvor livskraften (*prana*) kommer ind i legemet. Det er sædet for det sjette cerebrospinale center, hvis funktion er at modtage og lede den indkommende strøm af kosmiske energi. Livskraften lagres i det syvende center (*sahasrara*) i den øverste del af hjernen. Fra dette reservoir fordeles den i hele kroppen. Det fine center i medulla er hovedkontakten, der styrer indgangen, opbevaringen og fordelingen af livskraften.

mester. En, som har opnået selvbeherskelse. Også en respektfuld tiltaleform for ens guru (*se dette*).

Paramahansa Yogananda har påpeget, at "de egenskaber, der kendetegner en mester, er ikke fysiske, men åndelige ... Det eneste bevis på, at man er mester, er evnen til efter ønske at indtræde i den åndeløse tilstand (*savikalpa samadhi*) og opnåelsen af uforanderlig salighed (*nirvikalpa samadhi*)." Se *samadhi*.

Paramahansaji siger endvidere: "Alle hellige skrifter forkynder, at Herren skabte mennesket i Sit almægtige billede. Beherskelse af universet synes overnaturlig, men i virkeligheden er en sådan evne iboende og naturlig i enhver, der har opnået 'den rette erindring' om sin guddommelige oprindelse. Mennesker med Gudserkendelse er blottet for egoprincippet (*ahamkara*) og dettes opstande af personlige ønsker; sande mestres handlinger er i ubesværet overenstemmelse med *rita*, den naturlige rette adfærd. I Emersons ord 'bliver alle mænd "ikke dydige, men Dyd; så er formålet med skabelsen nået, og Gud er veltilfreds."'"

ondskab. Den sataniske kraft, som tilslører Guds allestedsnærværelse i skaberværket og manifesterer sig som disharmonier i mennesket og naturen. Også et bredt begreb, som definerer alt, hvad der strider mod den guddommelige lov (se *dharma*), og som får mennesket til at miste bevidstheden om sin grundlæggende enhed med Gud, og som

Ordliste

står i vejen for at opnå erkendelse af Gud.

det overbevidste sind. Sjælens alvidende magt, som opfatter sandheden direkte; intuition.

overbevidsthed. Sjælens rene, intuitive, altseende, evigt salige bevidsthed. Bruges nogle gange generelt om alle de forskellige tilstande af *samadhi (se dette)*, der opleves i meditation, men specifikt om den første tilstand af *samadhi*, hvori man slipper egobevidstheden og erkender sit selv som en sjæl, skabt i Guds billede. Derfra følger de højere erkendelsesstadier: Kristusbevidsthed og kosmisk bevidsthed *(se disse)*.

paramahansa. En åndelig titel, der betegner en mester *(se denne)*. Den kan kun gives af en sand guru til en kvalificeret discipel. Paramahansa betyder direkte oversat "den højeste svane". I de hinduistiske hellige skrifter symboliserer *hansaen* eller svanen åndelig skelneevne. Swami Sri Yukteswar gav titlen til sin elskede discipel Yogananda i 1935.

Patanjali. Førende eksponent for yoga, en vismand fra oldtiden, hvis *Yoga Sutraer* beskriver principperne for den yogiske vej og opdeler den i otte trin: (1) moralske forbud *(yama)*, (2) ret opførsel *(niyama)*, (3) meditationsstilling *(asana)*, (4) livskraftskontrol *(pranayama)*, (5) indadrettelse af sindet *(pratyahara)*, (6) koncentration *(dharana)*, (7) meditation *(dhyana)*, (8) forening med Gud *(samadhi)*.

prana. Gnister af intelligent finere-end-atomar energi, som udgør livet; kollektivt omtalt i de hinduistiske hellige skrifter som *prana*, hvilket Paramahansa Yogananda har oversat til "livtroner". I bund og grund Guds kondenserede tanker; substansen i den astrale verden *(se denne)* og livsprincippet i det fysiske kosmos. I den fysiske verden er der to slags *prana*: (1) den kosmiske vibrationsenergi, som er allestedsnærværende i universet, og som strukturerer og opretholder alting; (2) den specifikke *prana* eller energi, som gennemtrænger og opretholder hver enkelt menneskekrop gennem fem strømme eller funktioner. *Prana*-strømmen udfører krystalliseringsfunktionerne; *vyana*-strømmen, cirkulation; *samana*-strømmen, assimilation; *udana*-strømmen, metabolisme; og *apana*-strømmen, elimination.

pranayama. Bevidst kontrol af *prana* (den skabende vibration eller energi, som aktiverer og opretholder livet i legemet). Yogavidenskaben om *pranayama* er den direkte vej til bevidst at frakoble sindet fra de livsfunktioner og sanseindtryk, der binder mennesket til kropsbevidstheden. *Pranayama* frigør således menneskets bevidsthed til samvær med Gud. Alle videnskabelige teknikker, som fører til forening af sjæl og Ånd, kan klassificeres som yoga, og *pranayama* er den højeste yogiske metode til at opnå denne guddommelige forening.

Raja Yoga. Den "kongelige" eller højeste vej til forening med Gud. Det er læren om videnskabelig meditation *(se dette)* som den bedste metode til at kende Gud, og den indbefatter de vigtigste elementer fra alle andre former for yoga. Self-Realization Fellowships *Raja Yoga* lære beskriver en levevis, som leder til fuldkommen udfoldelse af legeme, sind og sjæl, baseret på *Kriya Yoga (se dette)* meditation. Se *yoga*.

reinkarnation. Læren om, at mennesker, tvunget af evolutionsloven, inkarnerer gentagne gange i stadigt højere liv – hæmmet af forkerte handlinger og ønsker og fremskyndet af åndelige bestræbelser – indtil Selverkendelse og forening med Gud er opnået. Når sjælen således har overskredet den jordiske bevidstheds begrænsninger og ufuldkommenheder, er den for evigt befriet fra den obligatoriske reinkarnation. "Den, der sejrer, ham vil jeg gøre til en søjle i min Guds tempel, og han skal aldrig mere komme bort derfra" (Johannes' Åbenbaring 3:12).

rishier. Seere, ophøjede væsener, som manifesterer guddommelig visdom; især de oplyste vismænd i det gamle Indien, for hvem vedaerne blev intuitivt åbenbaret.

sadhana. Den åndelige disciplins vej. Den specifikke instruktion og meditationspraksis, som guruen foreskriver for sine disciple, der ved trofast at følge dem i sidste ende erkender Gud.

samadhi. Det højeste trin på den Ottefoldige Yoga Vej, som beskrevet af vismanden Patanjali *(se denne)*. *Samadhi* opnås, når den mediterende, meditationsprocessen (ved hvilken sindet er tilbagetrukket fra sanserne ved indadrettethed) og genstanden for meditation (Gud), bliver Ét. Paramahansa Yogananda har forklaret, at "i de første stadier af samvær med Gud *(savikalpa samadhi)*, bliver den hengivnes bevidsthed forenet med den Kosmiske Ånd; hans livskraft er trukket tilbage fra legemet, som synes 'dødt', eller stift og ubevægeligt. Yogien er fuldt bevidst om, at hans legeme befinder sig i en midlertidig dvaletilstand. Men efterhånden som han går videre til højere åndelige stadier *(nirvikalpa samadhi)*, er han i samvær med Gud uden legemlig stilstand og i sin sædvanlige vågne bevidsthed, selv midt i krævende verdslige pligter." Begge tilstande er kendetegnet ved enhed med Åndens evigt nye salighed, men *nirvikalpa*-tilstanden opleves kun af de mest højtudviklede mestre.

Sanatana Dharma. Direkte oversat "den evige religion". Navnet på den vediske lære, der kom til at hedde hinduisme, efter at grækerne kaldte folket på bredden af floden Indus for *indos* eller *hinduer*. Se *dharma*.

Satan. På hebraisk betyder ordet direkte oversat "modstanderen". Satan er den bevidste og uafhængige universelle kraft, som holder alt og alle vildledt med den uåndelige bevidsthed om endelighed og adskillelse fra Gud. For at opnå dette bruger Satan våbnene *maya* (kosmisk illusion) og *avidya* (individuel illusion, uvidenhed). Se *maya*.

Self-Realization Fellowship. Det internationale ikke-sekteriske religiøse samfund grundlagt af Paramahansa Yogananda i De Forenede Stater i 1920 (og som Yogoda Satsanga Society of India i 1917) for at udbrede *Kriya Yogaens* åndelige principper og meditationsteknikker over hele verden og for at skabe større forståelse blandt folk af alle racer, kulturer og trosretninger for den ene Sandhed, som ligger til grund for alle religioner. (Se "Mål og idealer for Self-Realization Fellowship" side 132).

Paramahansa Yogananda har forklaret, at navnet Self-Realization Fellowship betyder "fællesskab med Gud gennem Selverkendelse og venskab med alle sandhedssøgende sjæle".

Fra sit internationale hovedkvarter i Los Angeles udgiver organisationen Paramahansa Yoganandas skrifter, foredrag og uformelle taler – herunder hans omfattende serie af *Self-Realization Fellowship Lektioner* til selvstudium og *Self-Realization*, det magasin,

Ordliste 143

han grundlagde i 1925; producerer lyd- og videooptagelser med hans lære; fører tilsyn med sine templer, refugier, meditationscentre, ungdomsprogrammer og de monastiske samfund i Self-Realization Ordenen; afholder undervisnings- og foredragsrækker i byer over hele verden; og koordinerer den Verdensomspændende Bedekreds, et netværk af grupper og enkeltpersoner, som er engagerede i at bede for dem, der har brug for fysisk, mental eller åndelig hjælp, og for global fred og harmoni.

Self-Realization Fellowship Lektioner. Paramahansa Yoganandas lære, sendt til studerende over hele verden i form af en serie lektioner, der er tilgængelige for alle oprigtige sandhedssøgere. Disse lektioner indeholder de yogameditationsteknikker som Paramahansa Yogananda underviste i, herunder *Kriya Yoga (se dette)* for dem, der kvalificerer sig.

Self-Realization Fellowships Guruer. Guruerne i Self-Realization Fellowship (Yogoda Satsanga Society of India) er Jesus Kristus, Bhagavan Krishna og en række ophøjede mestre fra moderne tid: Mahavatar Babaji, Lahiri Mahasaya, Swami Sri Yukteswar og Paramahansa Yogananda. At påvise harmonien og den grundlæggende enhed mellem Jesu Kristi lære og Bhagavan Krishnas Yogaforskrifter er en vigtig del af SRF-missionen. Alle disse guruer bidrager med deres universelle lære og guddommelige tjeneste til opfyldelsen af Self-Realization Fellowships mission om at bringe en praktisk åndelig videnskab om Gudserkendelse til menneskeheden.

Overdragelsen af en gurus åndelige hverv til en discipel, der er udpeget til at videreføre den række, som guruen tilhører, kaldes *guru parampara*. Paramahansa Yoganandas direkte linje af guruer er således Mahavatar Babaji, Lahiri Mahasaya og Swami Sri Yukteswar.

Før sin død sagde Paramahansaji, at det var Guds ønske, at han skulle være den sidste i Self-Realization Fellowships række af Guruer. Ingen efterfølgende discipel eller leder i hans samfund vil nogensinde påtage sig titlen som guru. "Når jeg er væk," sagde han, "vil læren være guruen ... Gennem læren vil I være i harmoni med mig og de store Guruer, som sendte mig."

Da Paramahansaji blev spurgt om, hvem der skulle overtage præsidentposten i Self-Realization Fellowship/Yogoda Satsanga Society of India, sagde han: "Der vil altid være mænd og kvinder med erkendelse i spidsen for denne organsation. De er allerede kendt af Gud og Guruerne. De skal tjene som min åndelige efterfølger og repræsentant i alle åndelige og organisatoriske anliggender."

Selv. Skrevet med stort begyndelsesbogstav for at betegne *atman* eller sjælen, til forskel fra det almindelige selv, som er personligheden eller egoet *(se dette)*. Selvet er individualiseret Ånd, hvis natur er evigt eksisterende, evigt bevidst, evigt ny glæde. Oplevelsen af disse guddommelige egenskaber i sjælens natur opnås gennem meditation.

Selverkendelse. Paramahansa Yogananda har defineret Selverkendelse som "at vide – i krop, sind og sjæl – at vi er ét med Guds allestedsnærværelse; at vi ikke behøver at bede om, at den skal komme til os, at vi ikke blot altid er nær ved den, men at Guds allestedsnærværelse er vores allestedsnærværelse; at vi er lige så meget en del af Ham nu, som vi nogensinde vil være. Vi skal blot forbedre vores erkendelse."

sjæl. Individualiseret Ånd. Sjælen er menneskets og alle levende livsformers sande og udødelige natur; den er kun midlertidigt klædt i de kausale, astrale og fysiske legemers klæder. Sjælens natur er Ånd: evigt eksisterende, evigt bevidst, evigt ny Glæde.

Sri. En respektfuld titel. Når det bruges foran navnet på en religiøs person betyder det "hellig" eller "højærværdig".

Swami Sri Yukteswar. Swami Sri Yukteswar Giri (1855-1936), Indiens Jnanavatar, "Inkarnation af Visdom"; Paramahansa Yoganandas guru og *paramguru* for Self-Realization Fellowship *Kriyaban* medlemmer. Sri Yukteswarji var discipel af Lahiri Mahasaya. På foranledning af Lahiri Mahasayas guru, Mahavatar Babaji, skrev han *The Holy Science*, en afhandling om den underliggende enhed i de kristne og hinduistiske hellige skrifter, og trænede Paramahansa Yogananda til hans åndelige verdensmission: udbredelsen af *Kriya Yoga (se dette)*. Paramahansaji har kærligt beskrevet Sri Yukteswarjis liv i *En yogis selvbiografi*.

Treenigheden. Når Ånden manifesterer skabelsen, bliver Den til Treenigheden: Fader, Søn og Helligånd, eller *Sat, Tat, Aum*. Faderen (*Sat*) er Gud som Skaberen, der eksisterer hinsides skabelsen (Kosmisk Bevidsthed). Sønnen (*Tat*) er Guds allestedsnærværende intelligens, som eksisterer i skabelsen (Kristusbevidsthed eller *Kutastha Chaitanya*). Helligånden (*Aum*) er Guds vibrerende kraft, som objektiverer og bliver til skabelsen.

Vedaerne. Hinduernes fire hellige skrifter: Rig Veda, Sama Veda, Yajur Veda og Atharva Veda. Det er hovedsagligt en litteratur af chant, ritual og recitation til vitalisering og åndeliggørelse af alle faser af menneskets liv og aktivitet. Blandt Indiens umådelige tekster er vedaerne (fra sanskrit-roden *vid*, "at vide") de eneste hellige skrifter, der ikke tilskrives nogen forfatter. Rig Vedaen tildeler hymnerne en himmelsk oprindelse og fortæller os, at de er nedsteget fra "ældgamle tider", omklædt i nyt sprog. De fire vedaer er guddommeligt åbenbaret fra tidsalder til tidsalder til *rishierne*, "seerne", og siges at besidde *nityatva*, "tidløs endegyldighed".

Yoga. Fra sanskrit *yuj*, "forening". Den højeste betydning af ordet *yoga* i hinduistisk filosofi er forening af den individuelle sjæl med Ånden gennem videnskabelige meditationsmetoder. Inden for det større spektrum af hinduistisk filosofi er Yoga et af seks ortodokse systemer: *Vedanta, Mimamsa, Sankhya, Vaisesika, Nyaya* og *Yoga*. Der findes også forskellige former for yogametoder: *Hatha Yoga, Mantra Yoga, Laya Yoga, Karma Yoga, Jnana Yoga, Bhakti Yoga* og *Raja Yoga*. Raja Yoga, den "kongelige" eller komplette yoga, er den, som Self-Realization Fellowship underviser i, og som Bhagavan Krishna hylder over for sin discipel Arjuna i Bhagavad Gitaen: "Yogien er større end kropsdisciplinerende asketer, større end tilhængerne af visdommens vej eller af handlingens vej; vær du, O Arjuna, en yogi!" (Bhagavad Gita VI:46). Vismanden Patanjali, den fremmeste eksponent for Yoga, har beskrevet otte konkrete trin, hvormed *Raja Yogien* opnår *samadhi* eller forening med Gud. Disse er (1) *yama*, moralsk opførsel; (2) *niyama*, overholdelse af religiøse forskrifter; (3) *asana*, korrekt kropsholdning; (4) *pranayama*, kontrol af *prana*, de subtile livsstrømme; (5) *pratyahara*, indadrettethed,

Ordliste 145

tilbagetrækning af sanserne fra ydre genstande; (6) *dharana*, koncentration, (7) *dhyana*, meditation; og (8) *samadhi*, overbevidst oplevelse; forening med Gud.

yogi. En, der praktiserer Yoga *(se dette)*. Enhver, som praktiserer en videnskabelig teknik til guddommelig erkendelse, er en yogi. Han kan enten være gift eller ugift, en med verdsligt ansvar eller en, der er viet til formelle religiøse løfter.

Yogoda Satsanga Society of India. Det navn, som Paramahansa Yoganandas samfund er kendt under i Indien. Organisationen blev grundlagt i 1917 af Paramahansa Yogananda. Hovedkvarteret, Yogoda Math, ligger ved bredden af Ganges i Dakshineswar, nær Kolkata. Yogoda Satsanga Society har en *math*-afdeling i Ranchi, Jharkhand (tidligere Bihar), og mange afdelingscentre. Udover Yogodas meditationscentre over hele Indien er der adskillige uddannelsesinstitutioner, fra grundskole- til universitetsniveau. *Yogoda*, et ord skabt af Paramahansa Yogananda, er afledt af *yoga*, forening, harmoni, ligevægt; og *da*, det, som giver. "Satsanga" er sammensat af *sat*, sandhed, og *sanga*, fællesskab. I Vesten oversatte Sri Yogananda det indiske navn til "Self-Realization Fellowship".

æter. Sanskritordet *akaśa*, der oversættes som både "æter" og "rum", henviser specifikt til det vibrerende element, der er det mest subtile i den materielle verden. (Se *elementer*). Det stammer fra *ā*, "hen imod" og *kasha*, "at være synlig, at fremstå". Akasha er den subtile "baggrund", mod hvilken alt i det materielle univers bliver opfatteligt. "Rum giver dimension til objekter; æter adskiller billederne," sagde Paramahansa Yogananda. "Det æterfyldte rum er grænselinjen mellem himmelen, eller den astrale verden, og jorden," forklarede han. "Alle de finere kræfter, Gud har skabt, består af lys, eller tankeformer, og er blot skjult bag en bestemt vibration, der manifesterer sig som æter."

åndedræt. "Indstrømningen af talløse kosmiske strømme i mennesket gennem åndedrættet fremkalder rastløshed i hans sind," skrev Paramahansa Yogananda. "Således forbinder åndedrættet ham med de flygtige fænomenale verdener. For at undslippe forgængelighedens sorger og indtræde i Virkelighedens salige rige, lærer yogien at stilne åndedrættet ved videnskabelig meditation."

det åndelige øje. Intuitionens og den allestedsnærværende opfattelses enkelte øje i Kristuscentret (*Kutastha, ajna chakra*) mellem øjenbrynene. Den dybt mediterende hengivne ser det åndelige øje som en ring af gyldent lys, der omkranser en kugle af opalagtig blå, og i midten en femtakket hvid stjerne. Mikrokosmisk set er disse former og farver indbegrebet af henholdsvis skabelsens vibrerende område (den Kosmiske Natur, Helligånden), Sønnen eller Guds intelligens i skabelsen (Kristusbevidstheden) og den vibrationsløse Ånd hinsides al skabelse (Gud Fader).

Det åndelige øje er indgangen til de højeste tilstande af guddommelig bevidsthed. I dyb meditation, når den hengivnes bevidsthed trænger ind i det åndelige øje og ind i de tre riger, der er repræsenteret deri, oplever han successivt følgende tilstande: overbevidsthed eller den evigt nye glæde ved sjælserkendelse og enhed med Gud som *Aum (se dette)* eller Helligånden; Kristusbevidsthed, enhed med Guds universelle intelligens i al skabelse; og kosmisk bevidsthed, enhed med Guds allestedsnærværelse, der er hinsides såvel som inden i den vibrerende manifestation. Se også *bevidsthedstilstande; overbevidsthed,*

Kristusbevidsthed.

Som forklaring på en passage i Ezekiels Bog (43:1-2) har Paramahansa Yogananda skrevet: "Gennem det guddommelige øje i panden ('østen') sejler yogien sin bevidsthed ind i allestedsnærværelsen og hører ordet eller *Aum*, den guddommelige lyd af 'mange vande': vibrationerne af lys, som udgør skabelsens eneste virkelighed." Med Ezekiels ord: "Derpå førte han mig hen til Østporten. Og se, Israels Guds herlighed kom østerfra, og det lød som mange vandes brus, og jorden lyste af hans herlighed."

Jesus talte også om det åndelige øje: "Hvis altså dit øje er enkelt, er også hele dit legeme i lys ... Se derfor til, at ikke det lys, der er i dig, er mørke." (Lukasevangeliet 11:34-35).

www.ingramcontent.com/pod-product-compliance
Lightning Source LLC
Chambersburg PA
CBHW061655040426
42446CB00010B/1755